최소한의 여행 스페인어

지은이 Florencia Kim(김은정)
펴낸이 정규도
펴낸곳 (주)다락원

초판 1쇄 발행 2019년 6월 5일

책임편집 김은혜
디자인 All Contents Group
일러스트 Kelci Jun

DARAKWON 경기도 파주시 문발로 211
내용문의 (02) 736-2031 내선 522
구입문의 (02) 736-2031 내선 250~251
Fax (02) 732-2037
출판 등록 1977년 9월 16일 제406-2008-000007호

값 9,800원
ISBN 978-89-277-0112-5 13770

http://www.darakwon.co.kr
다락원 홈페이지를 방문하시면 상세한 출판정보와 함께 동영상강좌, MP3 자료 등 여러 도서의 다양한 어학 정보를 얻으실 수 있습니다.

¡Hola, mucho gusto!

그림으로 즐기는
최소한의 여행
스페인어

Florencia Kim 지음

딱 필요한 핵심 표현
21

DARAKWON

여러분, 스페인어가 낯선가요?

스페인어를 공식적으로 사용하는 국가는 21개국, 제2공용어로 쓰는 곳도 많습니다. 약 5억 명이 스페인어를 사용하고 있지요. 특히 남미계 이민자들이 많은 미국에서는 실생활이나 여러 매체에서도 스페인어가 영어 못지 않게 두루 쓰입니다. 빌보드 차트에서 라틴계 가수들의 스페인어 노래를 쉽게 찾아 볼 수도 있지요.

저는 미국과 남미에서 20여 년을 살면서 자연스럽게 스페인어를 구사하게 되었습니다. 외국에 살면서 여러 나라를 여행해 보았는데, 스페인어가 가능하면 미국은 물론 세계 어디든 여행하기가 수월하다는 것을 새삼 깨달았습니다. 스페인이나 중남미는 영어가 잘 통하지 않는 지역도 많기 때문에 스페인어를 조금이라도 알고 떠나는 것이 좋습니다. 특히 위급한 상황에서 필요한 표현은 꼭 알아두어야 하죠.

이렇게 많은 사람들이 사용하는 스페인어지만, 한국 사람들에게는 아직 낯선 편이지요. 그래도 최근에는 스페인을 배경으로 한 TV 프로그램들이 인기를 얻으면서 점차 많은 사람들이 관심을 가지는 것 같아 스페인어 강사로서 뿌듯합니다. 이런 관심을 발판으로 학생들을 가르치면서 얻은 노하우와 경험을 녹여 어디서나 반드시 통하는 표현만을 모아 이 책을 만들었습니다. 이 책을 본 모든 분들이 즐겁고 행복한 여행을 하시길 바라는 마음으로 하나하나 정성 들여 표현을 뽑았습니다.

이 책에 담긴 표현을 써서 현지에서 커피를 주문하면 곧장 주문한 음료가 나올 겁니다. 스페인어는 비교적 발음이 쉬워서 조금만 배워도 누구나 큰 어려움 없이 의사소통이 가능하거든요. 한 가지 더 보태자면, 방문 지역의 문화도 알아가는 것이 좋습니다. 그래야 더운 여름 오후에 잠시 휴식하는 시에스타를 피해 가게를 방문할 수 있고, 식당이나 카페의 테이블에 소지품을 두고 자리를 비우지 않을 수 있으니까요. 〈최소한의 여행 스페인어〉에서 이런 문화 정보도 함께 얻어가세요. 여러분들이 스페인어를 더 친숙하게 느끼고 자유롭게 쓸 수 있게 되시기를, 또 스페인어로 필요한 의사소통을 하면서 당당하게 여행하시기를 바랍니다.

Florencia Kim
김은정

이 책의 활용법

감 잡기

각 상황에서 쓸 표현과 단어에 대해 감을 잡고 공부를 시작하자. 귀여운 그림과 즐거운 여행 팁은 덤!

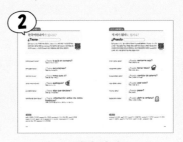

패턴 잡기

상황별로 꼭 필요한 스페인어 패턴과 예문만 쏙 쏙 골랐다. 단어 뜻도 곧장 확인할 수 있다.

표현 잡기

패턴 예문으로 담지 못한 알짜 표현이 가득! 상대방이 할 말까지 예상해서 보여준다. 스페인식/남미식 표현이 구분되어 있어 유용하다.

단어 잡기

여행회화의 핵심은 단어! 문장을 몰라도 단어만 제대로 알면 의사소통이 가능하다.

여행 잡기

학습 의욕 충전 코너! 스페인 문화와 생활 이야기를 읽으면서 여행을 준비해 보자.

원어민이 녹음한 MP3 음원으로 정확한 발음을 확인하자. MP3 음원은 다락원 홈페이지 (darakwon.co.kr)에서 무료로 다운로드를 받을 수 있다.

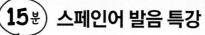

15분 스페인어 발음 특강

스페인어는 영어 알파벳을 사용하고, 대부분 글자 그대로 읽으면 되기 때문에 다른 외국어에 비해 발음하기가 쉽다. 모음은 a[아], e[에], i[이], o[오], u[우]로 각각 발음한다. 단, 자음 y가 단독으로 나올 때는 [이]라고 읽는다.

A a 아	B b ㅂ	C c ㄲ, ㅆ	D d ㄷ
E e 에	F f ㅍ	G g ㅎ, ㄱ	H h ○
I i 이	J j ㅎ	K k ㄲ	L l ㄹ
M m ㅁ	N n / Ñ ñ ㄴ	O o 오	P p ㅃ
Q q ㄲ	R r ㄹ	S s ㅅ, ㅆ	T t ㄸ
U u 우	V v ㅂ	W w ○	X x ㄱ, ㅆ
Y y ○	Z z ㅅ, ㅆ		

대부분 알파벳 그대로 읽으면 되지만, 몇 가지 예외는 있다. 아래에서 주의할 발음에 대해 간단히 알아보자.

c

c는 스페인에서는 주로 [θ] 소리를 내고, 중남미에서는 [ㅆ]으로 발음한다. 참고로 [θ]는 혀가 윗니에 잠깐 붙었다 떨어지는 느낌으로 소리를 낸다. 한편, 뒤에 어떤 모음이 오느냐에 따라서도 발음이 달라진다. c + a, o, u는 ca[까], co[꼬], cu[꾸]로 발음하며 c + e, i 는 ce[쎄], ci[씨]로 발음한다.

집 casa 까사　한국 Corea 꼬레아　눈썹 cero 쎄로　벨트 cinturón 씬뚜론

ch

스페인어는 ch를 무조건 [ㅊ]으로 읽는다.

칠레 chile 칠레   돼지 소시지 chorizo 초리쏘

g

g는 뒤에 어떤 모음이 오느냐에 따라 발음이 달라진다. g + a, o, u는 ga[가], go[고], gu[구]로 발음하고, g + e, i는 ge[헤], gi[히]로 발음한다. 그밖에 güe[구에], güi[구이], gue[게], gui[기] 등의 발음이 있다.

고양이 gato 가또   아르헨티나 Argentina 아르헨띠나   펭귄 pingüino 삥구이노

h

h는 묵음으로 뒤에 오는 모음만 발음한다. 따라서 ha[아], he[에], hi[이], ho[오], hu[우]라고 읽는다. 예를 들어 hotel을 영어로는 '호텔'이라고 하지만 스페인어로는 '오뗄'이라고 한다.

병원 hospital 오스삐딸   아들 hijo 이호

j/z

스페인어에는 [ㅈ] 발음이 없다. j는 [ㅎ]으로 읽고, g는 [ㅎ]이나 [ㄱ]으로 발음한다. z는 [θ/ㅆ] 등으로 읽는다. z가 [ㅆ]으로 소리가 나는 경우 스페인에서는 주로 [θ]에 가깝게 발음하고, 중남미에서는 그냥 [ㅆ]이라고 한다.

주스 jugo 후고   맥주 cerveza 쎄르베싸

k/w

k와 w는 외래어에만 쓴다. w는 원래 발음대로 [ㅇ] 소리를 내며 읽으면 되고, k는 된소리로 강하게 [ㄲ]으로 발음한다.

키위 kiwi 끼위   킬로미터 kilómetro 낄로메뜨로

q

q가 들어간 que[께], qui[끼]는 u를 읽지 않고 [께], [끼]로만 읽는다.

치즈 queso 께소   액체 líquido 리끼도

r/rr

r이 맨 앞에 오거나, 두 개 연달아 올 때 떨리는 [ㄹ] 소리가 난다. 강아지가 아르르~하면서 위협하는 소리와 비슷하다.

식당 restaurant 레스따우란떼   강아지 perro 뻬로

x

x는 모음 뒤에서는 받침 [ㄱ]으로 읽고, 자음 뒤에서는 [ㅅ]이나 [ㅎ]으로 발음한다.

시험 examen 엑사멘   외국, 외국인 extranjero 엑스뜨랑헤로   멕시코 México 메히꼬

l(엘)이 두 개 연달아 나올 경우에는 아래와 같이 발음한다. 참고로 lla는 [야, 쟈, 랴, 셔] 등으로 지역과 나라마다 발음이 조금씩 다른데, 보통 [야]로 발음하면 된다.

lla [야] 열쇠 llave 야베
lle [예] 길 calle 까예
lli [이] 저기 allí 아이
llo [요] 울보 llorón 요론
llu [유] 비 lluvia 유비아

n 위에 물결 표시가 있으면 아래처럼 발음한다.

ña [냐]   ñe [녜]   ñi [니]   ño [뇨]   ñu [뉴]
스페인 España 에스파냐   화장실 baño 바뇨

글자 위에 강세 표시가 있으면 그 발음을 강조해서 읽는다.

음료 líquido 리끼도   숫자 número 누메로   전화 teléfono 뗄레포노

• 스페인어의 의문문과 감탄문은 문장 맨 앞과 뒤에 ¿ ~?, ¡ ~! 기호를 넣는다.

• 스페인어의 단어는 남성/여성으로 성별이 나뉘어 있다. 남성형 단어는 주로 ‑o로 끝나고, 여성형은 주로 ‑a로 끝난다. 또 상대나 본인이 혼자일 때와 여러 명일 때 단어의 모양이 달라지는 경우가 있다. 이런 경우는 따로 표기하였다.

• 이 책의 한글 독음은 이해를 돕기 위한 것이다. 스페인어 발음을 한글로 표현하기 어려운 부분도 있으니 정확한 발음은 MP3 음원을 참고하자.

• 한글 독음의 굵은 글씨로 표시된 부분을 강조해서 읽으면 된다.

목차

이 책의 활용법   005
스페인어 발음 특강   006

Part 00   기본 회화 Conversaciones básicas

기본 회화	인사	016
	감사/사과	018
	대답	019
	부탁/소개	020
숫자		022
시간		023

Part 01   공항·기내 Aeropuerto

이건 꼭! 공항 패턴 01	좌석을 바꾸고 **싶어요.**	028
공항 패턴 02	닭고기로 **부탁해요.**	029
이것도! 공항 표현		030
이게 딱! 공항 단어		034
떠나요! 스페인 여행 01	**인사** – ¡Hola! 스페인 스타일 인사법	036
떠나요! 스페인 여행 02	**존댓말** – 스페인어에도 존댓말이?	037

 Part 02 | **교통** Transporte

이건 꼭! 교통 패턴 03	카탈루냐 광장으로 가 주세요.	042
교통 패턴 04	성가족 대성당은 어디인가요?	043
교통 패턴 05	근처에 지하철역이 있나요?	044
이것도! 교통 표현		045
이게 딱! 교통 단어		051
떠나요! 스페인 여행 03	시에스타 - 선택받은 휴식 시간, 시에스타	053

Part 03 | **식당** Restaurante

이건 꼭! 식당 패턴 06	영어 메뉴판이 있나요?	058
식당 패턴 07	이걸로 할게요.	059
식당 패턴 08	피클은 빼 주세요.	060
식당 패턴 09	맛있는 걸로 추천해 주세요.	061
이것도! 식당 표현		062
이게 딱! 식당 단어		067
떠나요! 스페인 여행 04	카페 - 카페 메뉴	072

목차

Part 04 | **숙소** Alojamiento

이건 꼭! 숙소 패턴 10	일찍 체크인을 해도 될까요?	078
숙소 패턴 11	에어컨이 고장났어요.	079
숙소 패턴 12	택시를 불러줄 수 있을까요?	080
이것도! 숙소 표현		081
이게 딱! 숙소 단어		084
떠나요! 스페인 여행 05	**주류** – 술집 메뉴	086
떠나요! 스페인 여행 06	**식사** – 식사는 하루 다섯 번?	087

Part 05 | **관광** Turismo

이건 꼭! 관광 패턴 13	한국어 안내서가 있나요?	092
관광 패턴 14	저 여기 앉아도 될까요?	093
관광 패턴 15	언제 문을 여나요?	094
이것도! 관광 표현		095
이게 딱! 관광 단어		098
떠나요! 스페인 여행 07	**공연** – 에너지 가득한 플라멩코와 투우	099

Part 06 | **쇼핑** Ir de compras

이건 꼭! 쇼핑 패턴 16	이 향수는 얼마인가요?	104
쇼핑 패턴 17	이 지갑 주세요.	105
쇼핑 패턴 18	재킷을 찾고 있어요.	106
이것도! 쇼핑 표현		107
이게 딱! 쇼핑 단어		111
떠나요! 스페인 여행 08	**가우디 투어1 – 카사 바트요**	113

Part 07 | **위급상황** Emergencia

이건 꼭! 위급상황 패턴 19	배가 아파요.	118
위급상황 패턴 20	가방을 도둑맞았어요.	119
위급상황 패턴 21	여권을 잃어버렸어요.	120
이것도! 위급상황 표현		121
이게 딱! 위급상황 단어		125
떠나요! 스페인 여행 09	**가우디 투어2 – 구엘 공원**	127

¡Hola, vámonos!

—— Part ——

기본 회화

Conversaciones básicas

◀ 스페인 관광 명소 하나, **성가족 대성당**

La Sagrada Família

가우디 건축의 백미로 꼽히며, 바르셀로나에서 가장 유명한 건축물이다. 안토니 가우디가 직접 건축에 참여한 사그라다 파밀리아의 '탄생의 파사드'와 예배실은 유네스코 세계문화유산으로 등재되었다.

기본 회화

기본 회화.mp3

인사   Saludos y despedidas

안녕/안녕하세요!	**¡Hola!** 올라
(오전) 안녕하세요/좋은 아침!	**¡Buenos días!** 부에노스 디아스
(오후) 안녕하세요!	**¡Buenas tardes!** 부에나스 따르데스
(저녁) 안녕하세요/안녕히 계세요/ 안녕히 주무세요!	**¡Buenas noches!** 부에나스 **노**체스
어떻게 지내세요?	**¿Cómo está?** 꼬모 에스**따**
아주 잘 지내요. 감사합니다.	**Muy bien, gracias.** 무이 비엔 그라씨아스
아주 안 좋아요.	**Muy mal.** 무이 말
그저 그래요.	**Así así.** 아씨 아씨 **Más o menos.** ★중남미 마스 오 메노스
늘 그렇죠 뭐.	**Como siempre.** 꼬모 씨엠쁘레
별일 없어요.	**Sin novedades.** 씬 노베**다**데스

잘 가/안녕히 가세요/안녕히 계세요.	Adiós. 아디오스 Chao. 차오 Chau. ★중남미 차우
나중에 봐요.	Hasta luego. 아스따 루에고 Nos vemos. 노스 베모스
곧 봐요.	Hasta pronto. 아스따 쁘론또
내일 봐요.	Hasta mañana. 아스따 마냐나
계속 연락해요!	¡Estamos en contacto! 에스따모스 엔 꼰딱또 ¡Seguimos en contacto! ★중남미 세기모스 엔 꼰딱또
좋은 여행 되세요!	¡Buen viaje! 부엔 비아헤 ¡Que tenga buen viaje! 께 뗑가 부엔 비아헤
행운을 빌어요!	¡Buena suerte! 부에나 수에르떼
축하해요!	¡Enhorabuena! 엔오라부에나 ¡Felicidades! 펠리씨다데스

감사/사과 Agradecer/disculparse

고맙습니다.	**Gracias.** 그라씨아스
정말 감사합니다.	**Muchas gracias.** 무챠스 그라씨아스 **Mil gracias.** 밀 그라씨아스
천만에요.	**De nada.** 데 나다
미안해.	**Perdona.** 뻬르도나 **Disculpa.** 디스꿀빠
죄송합니다/실례합니다.	**Perdone.** 뻬르도네 **Disculpe.** 디스꿀뻬
(정말) 죄송합니다/유감입니다.	**Lo siento (mucho).** 로 씨엔또 (무쵸)
정말 죄송합니다.	**Mil disculpas.** 밀 디스꿀빠스

응/네.	**Sí.** 씨
아니/아니요.	**No.** 노
응/네/좋아요/그래요/괜찮아요.	**Vale.** 발레 **Bueno.** 부에노
알겠습니다/동의합니다/찬성합니다.	**De acuerdo.** 데 아꾸에르도
네, 맞아요/좋아요.	**Sí, claro.** 씨 끌라로
좋아요!	**¡Está bien!** 에스따 비엔 **¡Muy bien!** 무이 비엔
아니요, 잘못됐습니다.	**No, está mal.** 노 에스따 말
(그건) 아니에요.	**No lo es.** 노 로 에스
싫어요.	**No quiero.** 노 끼에로
마음에 안 들어요.	**No me gusta.** 노 메 구스따

문제 없어요.	No hay problema. 노 아이 쁘로블레마
아무렇지 않아요.	No pasa nada. 노 빠사 나다
괜찮아요.	No importa. 노 임뽀르따

부탁/소개 Petición/presentarse

부탁해요.	Por favor. 뽀르 퐈보르
더 천천히 말씀해 주실래요?	¿Podría hablar más despacio, por favor? 뽀드리아 아블라르 마스 데스빠씨오 뽀르 퐈보르
더 천천히 부탁드려요.	Más despacio, por favor. 마스 데스빠씨오 뽀르 퐈보르
다시 말씀해 주세요.	Otra vez, por favor. 오뜨라 베쓰 뽀르 퐈보르 Dígamelo, otra vez. 디가멜로 오뜨라 베쓰
도와주세요!	¡Ayúdeme! 아유데메 ¡Ayuda! 아유다
글로 써 주실 수 있나요?	¿Puede escribirlo, por favor? 뿌에데 에스끄리비를로 뽀르 퐈보르

잠시만요/실례합니다.	**Con permiso.** 꼰 뻬르미소 주로 중남미에서 사람들 틈을 지나갈 때나 함께 있던 사람에게 잠시 양해를 구할 때 쓴다.
잠시만요.	**Un momento.** 운 모멘또
잠깐 시간 되세요?	**¿Tiene un minuto?** 띠에네 운 미누또
당신의 이름은 무엇인가요?	**¿Cuál es su nombre?** 꾸알 에스 수 놈브레
제 이름은 지민입니다.	**Mi nombre es Jimin.** 미 놈브레 에스 지민
어디에서 오셨나요/ 어느 나라 사람인가요?	**¿De dónde es (usted)?** 데 돈데 에스 (우스뗏)
저는 한국에서 왔어요.	**Soy de Corea.** 소이 데 꼬레아
저는 한국인이에요.	**Soy coreano/a.** 소이 꼬레아노/꼬레아나 말하는 사람이 남자면 coreano, 여자면 coreana

0	**1**	**2**	**3**	**4**
cero	uno	dos	tres	cuatro
쎄로	우노	도스	뜨레스	꾸아뜨로

5	**6**	**7**	**8**	**9**
cinco	seis	siete	ocho	nueve
씽꼬	쎄이스	씨에떼	오초	누에베

10	**11**	**12**	**13**	**14**
diez	once	doce	trece	catorce
디에쓰	온쎄	도쎄	뜨레쎄	까또르쎄

15	**16**	**17**	**18**	**19**
quince	dieciséis	diecisiete	dieciocho	diecinueve
낀쎄	디에씨세이스	디에씨시에떼	디에씨오초	디에씨누에베

20	**21**	**22**	**23**	**24**
veinte	veintiuno	veintidós	veintitrés	veinticuatro
베인떼	베인띠우노	베인띠도스	베인띠뜨레스	베인띠꾸아뜨로

25	**26**	**27**	**28**	**29**
veinticinco	veintiséis	veintisiete	veintiocho	veintinueve
베인띠씽꼬	베인띠세이스	베인띠시에떼	베인띠오초	베인띠누에베

30	**31**	
treinta	treinta y uno	31부터는 30과 1 사이에 y이를 넣는다. y는 영어로 and (그리고)에 해당한다. 예를 들어 42는 cuarenta y dos꾸아렌따 이 도스, 75는 setenta y cinco세뗀따 이 씽꼬라고 한다.
뜨레인따	뜨레인따 이 우노	

시간

시간은 여성 명사이므로 la una 라 우나처럼 관사 la를 붙여서 말한다. 단, 2시부터는 복수이므로 las dos 라스 도스, las tres 라스 뜨레스처럼 관사 las를 사용한다. 시간을 나타낼 때는 동사 es(1시에만 사용)와 son(2시~24시)을 쓴다.

몇 시입니까?

¿Qué hora es?
께 오라 에스

1시입니다.

Es la una.
에스 라 우나

3시 5분입니다.

Son las tres y cinco.
손 라스 뜨레스 이 씽꼬

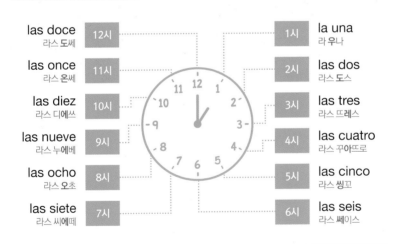

las doce 라스 도쎄 — 12시	1시 — **la una** 라 우나
las once 라스 온쎄 — 11시	2시 — **las dos** 라스 도스
las diez 라스 디에쓰 — 10시	3시 — **las tres** 라스 뜨레스
las nueve 라스 누에베 — 9시	4시 — **las cuatro** 라스 꾸아뜨로
las ocho 라스 오초 — 8시	5시 — **las cinco** 라스 씽꼬
las siete 라스 씨에떼 — 7시	6시 — **las seis** 라스 쎄이스

~시 …분	~시 …분 전	~시 15분	~시 30분
~ y … 이	~ menos … 메노스	~ cuarto[quince] 꾸아르또 [낀쎄]	~ y media 이 메디아

¡Hola, vámonos!

— Part —

공항·기내

Aeropuerto

◀ 스페인 관광 명소 둘, **이비자 섬**

Isla Ibiza

Ibiza는 영어식 발음인 '이비자'로 유명해진 스페인의 대표적인 관광 휴양지다. 원래는 '이비싸'라고 읽는다. 아름다운 해변과 항구, 다양한 유적지와 즐길 거리로 유명한 섬이다.

Español de viaje

공항·기내

pattern
01 ✈ 02

공항이나 기내에서는 영어가 통하기 때문에 스페인어를 몰라도 큰 문제는 없지만, 아무래도 스페인어를 알아가서 표지판에 써 있는 글자를 읽을 수 있다면 여행이 더 즐거워질 것이다.

기내 스크린에서 한국 영화나 음악을 듣고 싶다면 '한국어'라는 뜻의 **coreano**꼬레아노 메뉴를 찾아 보자. 비행기에서 내려서 짐을 찾으러 갈 때는 **recogida (de) equipajes**레꼬히다 데 에끼빠헤스라는 표지판을 따라 가면 된다. 중남미에서는 앞부분을 떼고 **equipajes**에끼빠헤스라고도 한다. **salidas**살리다는 공항에서는 '출국'이라는 뜻이고, 일상에서는 '출구'라는 뜻으로 쓴다. 둘 다 '어딘가로 나간다'는 뜻이다. 위급할 때 출구를 향해 '나 살리다!'를 외치며 뛰어나가는 것을 떠올리면 쉽게 외울 수 있다.

좌석을 바꾸고 싶어요.

Quiero

'저는 ~을 하고 싶어요' 는 스페인어로 Quiero ~끼에로라고 한다. '원하다, 시도하다, ~하고 싶다'라는 뜻의 동사 querer께레르에서 나온 표현이다. quiero 뒤에 하고 싶은 내용을 넣으면 끝! 참고로 Quisiera ~끼시에라라고 하면 조금 더 정중하게 표현할 수 있다.

공항 패턴
01.mp3

좌석을 바꾸고 싶어요.	**Quiero** cambiarme de asiento. 끼에로 깜비아르메 데 아시엔또
수하물을 접수하고 싶어요.	**Quiero** facturar el equipaje. 끼에로 퐉뚜라르 엘 에끼빠헤
버스를 타고 싶어요.	**Quiero** coger el autobús. 끼에로 꼬헤르 엘 아우또부스
(휴대폰) 유심을 사고 싶어요.	**Quiero** comprar una tarjeta SIM. 끼에로 꼼쁘라르 우나 따르헤따 씸
커피를 마시고 싶어요.	**Quiero** beber un café. 끼에로 베베르 운 까페
통로 자리에 앉고 싶어요.	**Quiero** sentarme en el pasillo. 끼에로 센따르메 엔 엘 빠시요
담요가 필요해요.	**Quiero** una manta. 끼에로 우나 만따

• Word ‹

cambiarme깜비아르메 내가 ~을 바꾸다   asiento아시엔또 좌석   facturar퐉뚜라르 맡기다   equipaje에끼빠헤 짐, 수하물
coger꼬헤르 탈것을 타다   autobús아우또부스 버스   tarjeta SIM따르헤따 씸 유심 카드   beber베베르 마시다
café까페 커피   sentarme센따르메 내가 ~에 앉다   pasillo빠시요 통로, 복도   manta만따 담요

닭고기로 부탁해요.

( ) por favor.

스페인어로 '부탁해요'는 por favor뽀르 빠보르다. 영어의 please와 비슷한 표현으로 문장이나 단어 뒤에 por favor를 붙이면 상대방에게 요청하는 말이 된다. 완전한 문장을 말할 시간이나 여유가 없다면, 단어 뒤에 por favor만 붙여서 의사소통을 해 보자.

공항 패턴
02.mp3

닭고기로 부탁합니다.	**Pollo, por favor.** 뽀요 뽀르 빠보르
물 부탁해요.	**Agua, por favor.** 아구아 뽀르 빠보르
창가 자리로 부탁해요.	**Ventanilla, por favor.** 벤따니야 뽀르 빠보르
신청서 한 장 더 부탁해요.	**Otro formulario, por favor.** 오뜨로 포르물라리오 뽀르 빠보르
여권 부탁 드립니다.	**Su pasaporte, por favor.** 수 빠사뽀르떼 뽀르 빠보르
일반석으로 부탁해요.	**En clase turista, por favor.** 엔 끌라세 뚜리스따 뽀르 빠보르
다시 한 번 부탁 드려요.	**Otra vez, por favor.** 말/행동을 다시 요청할 때 오뜨라 베쓰 뽀르 빠보르

• Word

pollo뽀요 닭 agua아구아 물 ventanilla벤따니야 창가 otro오뜨로 (남성형) 다른 formulario포르물라리오 신청서
pasaporte빠사뽀르떼 여권 clase turista끌라세 뚜리스따 일반석 otra오뜨라 (여성형) 다른 vez베쓰 번, 회

공항 표현.mp3

관광안내소에서

어디로 여행하시나요?	¿A dónde viaja? 아 돈데 비아하
출발 시간은 몇 시인가요?	¿A qué hora es la salida? 아 께 오라 에스 라 살리다
도착 시간은 몇 시인가요?	¿A qué hora es la llegada? 아 께 오라 에스 라 예가다
오전 11시입니다.	Es a las 11 de la mañana. 에스 아 라스 온쎄 데 라 마냐나
15시입니다.	Es a las 15. 에스 아 라스 낀쎄
경유 대기 시간은 얼마나 되나요?	¿Cuánto tiempo de espera es la escala? 꾸안또 띠에뽀 데 에스뻬라 에스 라 에스깔라
파리에서 3시간 기다리셔야 합니다.	Debe esperar 3 horas en París. 데베 에스뻬라르 뜨레스 오라스 엔 빠리스
부엘링 에어 카운터가 어디 있나요?	¿Dónde está el mostrador de Vueling Airlines? 돈데 에스따 엘 모스뜨라도르 데 부엘링 에얼라인스
저쪽으로 가세요.	Vaya por allí. 바야 뽀르 아이
그건 2번 게이트 근처에 있습니다.	Está cerca de la puerta 2. 에스따 쎄르까 데 라 뿌에르따 도스
가방을 몇 개 부치실 건가요?	¿Cuántos equipajes va a facturar? 꾸안또스 에끼빠헤스 바 아 팍뚜라르
가방을 저울에 올려 주세요.	Ponga su maleta en la balanza, por favor. 뽕가 수 말레따 엔 라 발란싸 뽀르 퐈보르
다른 짐도 있으신가요?	¿Tiene algún otro equipaje? 띠에네 알군 오뜨로 에끼빠헤
들고 갈 짐(휴대할 짐)이 있습니다.	Tengo un equipaje de mano. 뗑고 운 에끼빠헤 데 마노
이것을 기내에 가져가도 되나요?	¿Puedo llevar esto a bordo? 뿌에도 예바르 에스또 아 보르도
가방 무게가 2킬로 초과했네요.	Su maleta ha sobrepasado 2 kilos. 수 말레따 아 소브레빠사도 도스 낄로스

030

추가 요금이 얼마인가요?
¿Cuánto es el exceso de equipaje?
꾸안또 에스 엘 엑쎄소 데 에끼빠헤

15분 후에 탑승을 시작합니다.
Vamos a empezar el embarque en 15 minutos.
바모스 아 엠뻬싸르 엘 엠바르께 엔 낀쎄 미누또스

재킷을 벗어 주세요.
Quítese la chaqueta, por favor.
끼떼세 라 차께따 뽀르 퐈보르

앞으로 가세요.
Vaya adelante.
바야 아델란떼

줄을 서세요.
Haga cola.
아가 꼴라

이쪽으로 오세요.
Por aquí, por favor.
뽀르 아끼 뽀르 퐈보르

기내에서

지나가도 될까요?
¿Puedo pasar?
뿌에도 빠사르

지나가겠습니다.
Con permiso. 중남미
꼰 뻬르미소

좌석을 앞으로 당겨 주세요.
Mueva su asiento para adelante.
무데바 수 아시엔또 빠라 아델란떼

의자를 똑바로
세워 주시기 바랍니다.
Mantenga el respaldo de su asiento
en posición vertical.
만뗑가 엘 레스빨도 데 수 아시엔또 엔 뽀시씨온 베르띠깔

핸드폰을 꺼 주세요.
Por favor, apague su móvil.
뽀르 퐈보르 아빠게 수 모빌

좌석벨트를 착용해 주십시오.
Por favor, abróchese los cinturones de seguridad.
뽀르 퐈보르 아브로체세 로스 씬뚜로네스 데 세구리닷

자리를 바꿔도 되나요?
¿Puedo cambiar de asiento?
뿌에도 깜비아르 데 아시엔또

저기 빈자리로 옮기고 싶어요.
Me gustaría pasar a ese asiento libre.
메 구스따리아 빠사르 아 에세 아시엔또 리브레

음료는 어떤 것으로 드릴까요?
¿Qué quiere tomar?
께 끼에레 또마르

레드 와인 주세요.
Quiero vino tinto.
끼에로 비노 띤또

물 한 잔 주시겠어요?
¿Puede traerme agua?
뿌에데 뜨라에르메 아구아

소고기와 생선 중 어떤 걸로 드릴까요?	**¿Qué prefiere, carne o pescado?** 께 쁘레피에레 까르네 오 뻬스까도
생선으로 주세요.	**Pescado, por favor.** 뻬스까도 뽀르 퐈보르
이어폰 좀 주시겠어요?	**¿Puede darme los auriculares?** 뿌에데 다르메 로스 아우리꿀라레스
펜 좀 빌릴 수 있을까요?	**¿Puede prestarme un bolígrafo?** 뿌에데 쁘레스따르메 운 볼리그라포
면세품을 구입할 수 있나요?	**¿Puedo hacer compras de duty free?** 뿌에도 아쎄르 꼼쁘라스 데 듀띠 프리
토할 것 같아요.	**Tengo ganas de vomitar.** 뗑고 가나스 데 보미따르
죄송한데, 조용히 해 주세요.	**Silencio, por favor.** 실렌씨오 뽀르 퐈보르

입국 심사

여권 좀 보여 주시겠어요?	**¿Puedo ver su pasaporte?** 뿌에도 베르 수 빠사뽀르떼
여권을 주십시오.	**Su pasaporte, por favor.** 수 빠사뽀르떼 뽀르 퐈보르
방문 목적은 무엇입니까?	**¿Cuál es el motivo de su visita?** 꾸알 에스 엘 모띠보 데 수 비시따
스페인에서 무엇을 할 예정입니까?	**¿Qué va a hacer en España?** 께 바 아 아쎄르 엔 에스빠냐

'스페인' 은 스페인어로 España에스빠냐

관광차 왔습니다.	**Estoy aquí para hacer turismo.** 에스또이 아끼 빠라 아쎄르 뚜리스모
전 관광객입니다.	**Soy turista.** 소이 뚜리스따
여행을 왔습니다.	**Vengo a viajar.** 벵고 아 비아하르
저희는 신혼여행을 왔습니다.	**Estamos de luna de miel.** 에스따모스 데 루나 데 미엘
돌아갈 표를 가지고 있습니까?	**¿Tiene el billete de vuelta?** 띠에네 엘 비예떼 데 부엘따

네, 여기 있습니다.

Sí, aquí lo tiene.
씨 아끼 로 띠에네

얼마나 체류하실 겁니까?

¿Cuánto tiempo va a quedarse?
꾸안또 띠엠뽀 바 아 께다르세

일주일 정도 머물 겁니다.

Voy a quedarme por una semana.
보이 아 께다르메 뽀르 우나 세마나

어디서 머물 예정입니까?

¿Dónde va a quedarse?
돈데 바 아 께다르세

친구 집에 있을 겁니다.

Voy a quedarme en casa de mi amigo/a.
보이 아 께다르메 엔 까사 데 미 아미고/아미가

> 친구가 남자면 amigo아미고, 여자면 amiga아미가

팔로마스 호텔에서요.

En el Hotel Palomas.
엔 엘 오뗄 빨로마스

부에노스아이레스에
온 적이 있으신가요?

¿Ha visitado alguna vez Buenos Aires?
아 비시따도 알구나 베쓰 부에노스 아이레스

아니요, 처음입니다.

No, es mi primera visita.
노 에스 미 쁘리메라 비시따

네, 이번이 두 번째예요.

Sí, esta es la segunda visita.
씨 에스따 에스 라 세군다 비시따

항공사 체크인

편도	viaje de ida 비아헤 데 이다
왕복	viaje de ida y vuelta 비아헤 데 이다 이 부엘따
왕복 항공권	billete de ida y vuelta 비예떼 데 이다 이 부엘따
출발	salida 살리다 *'출구'라는 뜻도 있다.*
도착	llegada 예가다
여권	pasaporte 빠사뽀르떼
이코노미석	clase turista 끌라세 뚜리스따
비즈니스석	clase business 끌라세 비즈니스
일등석	primera clase 쁘리메라 끌라세
수하물	equipaje 에끼빠헤
여행 가방	maleta 말레따
액체	líquido 리끼도
탑승	embarque 엠바르께
확인하다	confirmar 꼰피르마르
(짐을) 부치다	facturar 팍뚜라르
항공사	compañía aérea 꼼빠니아 아에레아
국내선	línea doméstica 리네아 도메스띠까
국제선	línea internacional 리네아 인떼르나씨오날
연착	retraso 레뜨라소
대기자 명단	lista de espera 리스따 데 에스뻬라

출입국 심사

탑승권	tarjeta de embarque 따르헤따 데 엠바르께
탑승구, 게이트	puerta 뿌에르따
	puertas de embarque 뿌에르따스 데 엠바르께
탑승구 번호	número de puerta 누메로 데 뿌에르따
비자	visado 비사도
비행기 편명	número de vuelo 누메로 데 부엘로
배낭여행	viaje de mochilero 비아헤 데 모칠레로
이륙	despegue 데스뻬게
착륙	aterrizaje 아떼리싸헤
갈아타다	hacer escala 아쎄르 에스깔라
세관	aduana 아두아나
출입국 심사	control de pasaporte 꼰뜨롤 데 빠사뽀르떼
신고하다	declarar 데끌라라르
생년월일	fecha de nacimiento 페차 데 나씨미엔또
비거주자	no residente 노 레시덴떼
입국신고서	formulario de inmigración 포르물라리오 데 인미그라씨온
국적	nacionalidad 나씨오날리닷
전화	teléfono 뗄레포노
주소	dirección 디렉씨온
직업	profesión 쁘로페시온
결혼 여부	estado civil 에스따도 씨빌

성별	sexo 섹소	이어폰, 헤드폰	audífono 아우디포노
면세점	tienda libre de impuestos 띠엔다 리브레 데 임뿌에스또스		auricular 아우리꿀라르
	tienda duty free 띠엔다 듀띠 프리	테이블	mesita 메시따
환전소	casa de cambio 까사 데 깜비오		bandeja 반데하
환전	cambio de dinero 깜비오 데 디네로	현지 시간	hora local 오라 로깔
		기장	capitán 까삐딴

기내

		조종사	piloto 삘로또
승객	pasajero/a 빠사헤로/빠사헤라 남자는 -ro 여자는 -ra	담요	manta 만따
좌석	asiento 아시엔또	귀마개	tapones 따뽀네스
가운데 좌석	asiento en el medio 아시엔또 엔 엘 메디오	식사	comida 꼬미다
창가 좌석	asiento en la ventanilla 아시엔또 엔 라 벤따니야	잡지	revista 레비스따
복도 좌석	asiento en el pasillo 아시엔또 엔 엘 빠시요	신문	periódico 뻬리오디꼬
화장실	baño 바뇨	독서용 조명	luz de lectura 루쓰 데 렉뚜라
	servicio 세르비씨오		
(화장실) 빈 칸	libre 리브레		
	vacante 바깐떼		
(화장실) 사용 중	ocupado 오꾸빠도		
구명조끼	chaleco salvavidas 찰레꼬 살바비다스		
비상구	salida de emergencia 살리다 데 에메르헨씨아		
안전벨트	cinturón de seguridad 씬뚜론 데 세구리닷		
산소마스크	máscara de oxígeno 마스까라 데 옥시헤노		
멀미봉지	bolsa para vomitar 볼사 빠라 보미따르		
승무원	azafata 아싸퐈따		
	tripulante 뜨리뿔란떼		

¡Hola! 스페인 스타일 인사법

스페인어권 나라에서는 모르는 사이라도 반갑게 인사를 나누는 것이 하나의 문화다. 같은 건물에 사는 이웃 사이는 물론이고, 서로 잘 모르는 사이에도 엘리베이터 같은 곳에서 마주치면 가볍게 ¡Hola!올라라고 인사를 한다. 물건을 사러 가게에 들어갔을 때 주인이 인사를 하면 당황하지 말고 ¡Hola!라고 답하자. 길거리에서도 모르는 사람이 윙크를 하거나 미소를 지으며 인사하는 경우가 있는데 관심의 표현이 아니니 오해하지 말 것.

스페인 사람들은 만나서 인사를 나눌 때 주로 dos besos도스 베소스라는 볼 키스를 왼쪽부터 오른쪽으로 두 번 한다. 입술을 대는 것이 아니라 '쪽'소리만 내는 것이다. 단, 남자끼리는 주로 악수나 포옹을 한다.

스페인어에도 존댓말이?

스페인어에도 존댓말과 반말이 존재한다. 가령 가족, 친구, 직장 동료처럼 친밀한 관계에서 상대를 지칭할 때는 tú뚜라고 한다. '너'라는 뜻의 호칭이다. 스페인이나 몇몇 중남미 스페인어권 나라에서는 일상적인 대화에서 주로 tú를 쓴다. 서로 어느 정도 거리가 있거나 예의를 지켜야 하는 업무 관계, 처음 만난 사람을 지칭할 때는 usted우스뗏이라고 한다. '당신'이라는 존칭이다. '○○씨'에 해당하는 표현은 남자의 경우 señor세뇨르, 여자는 señora세뇨라다. 이 단어들은 식당이나 가게에서 종업원을 부를 때 써도 된다. 참고로 팝송에도 종종 등장하는 señorita세뇨리따는 미혼 여성을 가리키는 말이다.

¡Hola, vámonos!

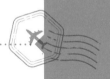

— Part —

교통

Transporte

◀ 스페인 관광 명소 셋, **프라도 국립미술관**

Museo del Prado

마드리드에 위치한 미술관으로, 세계 3대 미술관으로 꼽힌다. 3만 점이 넘는 방대한 미술품이 전시되어 있어 제대로 보려면 하루를 꼬박 써도 부족하다.

pattern **03** ✈ pattern **05**

'버스'를 뜻하는 말은 나라마다 다르다. 스페인에서는 주로 **autobús**아우또부스라고 하지만, 멕시코에서는 **camión**까미온, 푸에르토리코와 도미니카공화국에서는 **guagua**구아구아, 페루에서는 **bus**부스 아르헨티나에서는 **colectivo**꼴렉띠보라고 한다. 이것 말고도 나라마다 다르게 쓰는 경우가 많으니 필요한 단어는 미리 알아두고 가자. 택시는 **taxi**딱시라고 한다. 스페인에서는 도시마다 택시의 색과 기본 요금이 다르다. 택시 앞쪽의 **ocupado**오꾸빠도라는 불은 손님이 타고 있다는 뜻이고, **libre**리브레는 택시가 비어 있다는 표시다. 탑승할 때는 미터기가 켜졌는지, 내 목적지를 운전 기사가 알고 있는지 꼭 확인해야 한다. 참고로 페루나 중남미에서는 택시비도 약간의 흥정이 필요하다.

metro
메뜨로

카탈루냐 광장으로 가 주세요.

A ⬭ por favor.

a아는 '~에, ~쪽으로'라는 뜻으로 방향과 위치를 나타내는 단어다. 어떤 장소 앞에 a를 붙이면 '~로 갑시다' 즉, '~로 가 주세요'라는 말이 된다. 뒤에 el엘이라는 남성 단수 정관사가 오면 a와 el이 축약되어서 al알이 된다. 택시를 탔을 때 이렇게 말하면 원하는 목적지로 데려다 줄 것이다.

교통 패턴
03.mp3

이 주소로 가 주세요.

A esta dirección, por favor.
아 에스따 디렉씨온 뽀르 파보르

마요르 광장으로 가 주세요.

A la Plaza Mayor, por favor.
아 라 쁠라싸 마요르 뽀르 파보르

지하철역으로 가 주세요.

A la estación de metro, por favor.
아 라 에스따씨온 데 메뜨로 뽀르 파보르

박물관으로 가 주세요.

Al museo, por favor.
알 무세오 뽀르 파보르

멜리아 발렌시아
호텔로 가 주세요.

Al hotel Melia Valencia, por favor.
알 오뗄 멜리아 발렌씨아 뽀르 파보르

공항으로 가 주세요.

Al aeropuerto, por favor.
알 아에로뿌에르또 뽀르 파보르

• Word ⟨

esta에스따 (지시형용사) 이   dirección디렉씨온 주소   estación de metro에스따씨온 데 메뜨로 지하철역
museo무세오 박물관, 미술관   hotel오뗄 호텔   aeropuerto아에로뿌에르또 공항

성가족 대성당은 어디인가요?
¿Dónde está ⬚

'어디, 어디에'에 해당하는 말은 dónde돈데이고, '~은 어디에 있나요?'는 ¿ Dónde está ~?돈데 에스따라고 한다. 뒤에 나오는 장소가 복수일 경우 está에 n이 붙어 están에스딴이 된다. 참고로 스페인어의 의문문은 문장 맨 앞에 뒤집어진 물음표 ¿가 들어가는 것이 특징이다.

교통 패턴
04.mp3

성가족 대성당은 어디에 있나요?	**¿Dónde está** la Sagrada Familia? 돈데 에스**따** 라 사그라다 **퐈**밀리야
힐튼 호텔은 어디에 있나요?	**¿Dónde está** el hotel Hilton? 돈데 에스**따** 엘 오**뗄** 힐똔
버스 정류장은 어디에 있나요?	**¿Dónde está** la parada de autobús? 돈데 에스**따** 라 **빠**라다 데 아우또부스
슈퍼마켓은 어디에 있나요?	**¿Dónde está** el supermercado? 돈데 에스**따** 엘 수**뻬**르메르**까**도
화장실은 어디에 있나요?	**¿Dónde está** el baño? 돈데 에스**따** 엘 **바**뇨
로다스 해변은 어디에 있나요?	**¿Dónde está** la Playa de Rodas? 돈데 에스**따** 라 **쁠라**야 데 **로**다스

> 화장실은 el servicio엘 세르비씨오,
> el aseo엘 아세오라고 해도 ok!

• Word ⟨ -

hotel오뗄 호텔   parada de autobús빠라다 데 아우또부스 버스 정류장   supermercado수뻬르메르까도 슈퍼마켓
baño바뇨 화장실   playa쁠라야 해변

근처에 지하철역이 있나요?

¿Hay ⬭ por aquí?

'이 근처에 ~가 있나요?'는 ¿ Hay+장소+por aquí?아이~뽀르 아끼라고 한다. por aquí뽀르 아끼는 '이 근처에, 주변에'라는 뜻이다. 참고로 스페인어에서 h는 묵음이기 때문에 소리가 나지 않는다. 즉, hay는 '하이'가 아니라 '아이'라고 한다.

교통 패턴
05.mp3

근처에 지하철역이 있나요?	**¿Hay** una estación de metro por aquí? 아이 우나 에스따씨온 데 메뜨로 뽀르 아끼
근처에 약국이 있나요?	**¿Hay** una farmacia por aquí? 아이 우나 파르마씨아 뽀르 아끼
근처에 은행이 있나요?	**¿Hay** un banco por aquí? 아이 운 방꼬 뽀르 아끼
근처에 주유소가 있나요?	**¿Hay** una gasolinera por aquí? 아이 우나 가솔리네라 뽀르 아끼
근처에 영화관이 있나요?	**¿Hay** un cine por aquí? 아이 운 씨네 뽀르 아끼
근처에 여행사가 있나요?	**¿Hay** una agencia de viajes por aquí? 아이 우나 아헨씨아 데 비아헤스 뽀르 아끼

• Word

estación de metro에스따씨온 데 메뜨로 지하철역 farmacia파르마씨아 약국 gasolinera가솔리네라 주유소
banco방꼬 은행 cine씨네 영화관 agencia de viajes아헨씨아 데 비아헤스 여행사

택시 타기

택시 승강장은 어디에 있나요?	**¿Dónde está la parada de taxi?** 돈데 에쓰따 라 빠라다 데 딱씨
미터기는 켜져 있나요?	**¿Está el taxímetro encendido?** 에스따 엘 딱씨메뜨로 엔쎈디도
미터기를 켜 주세요.	**Encienda el taxímetro, por favor.** 엔씨엔다 엘 딱씨메뜨로 뽀르 퐈보르
어디로 가시죠?	**¿Adónde va?** 아돈데 바
지하철역 근처로 가 주세요.	**Lléveme cerca de la estación de metro.** 예베메 쎄르까 데 라 에스따씨온 데 메뜨로
바라하스 공항으로요.	**Al aeropuerto de Barajas.** 알 아에로뿌에르또 데 바라하스
프라도 박물관에 가고 싶어요.	**Quiero ir al Museo del Prado.** 끼에로 이르 알 무세오 델 쁘라도 *Quiero ir ~에 가고 싶다*
마드리드 왕궁으로 가 주세요.	**Vamos al Palacio Real de Madrid.** 바모스 알 빨라씨오 레알 데 마드릿
좀 급해요.	**Tengo prisa.** 뗑고 쁘리사
빨리 가 주시겠어요?	**¿Puede ir un poco más rápido?** 뿌에데 이르 운 뽀꼬 마스 라삐도
오른쪽/왼쪽으로요.	**A la derecha/izquierda, por favor.** 아 라 데레차/이쓰끼에르다 뽀르 퐈보르
직진해 주세요.	**Siga recto, por favor.** 씨가 렉또 뽀르 퐈보르
다음 코너에서요.	**En la siguiente esquina.** 엔 라 시기엔떼 에스끼나
저 코너에서 내릴게요.	**Me bajo en esa esquina.** 메 바호 엔 에사 에스끼나
여기 세워 주세요.	**Pare aquí, por favor.** 빠레 아끼 뽀르 퐈보르
얼마죠?	**¿Cuánto es?** 꾸안또 에스

40유로입니다.

Son 40 euros.
손 꾸아렌따 에우로스

영수증 좀 주실래요?

¿Puede darme el recibo, por favor?
뿌에데 다르메 엘 레씨보 뽀르 퐈보르

잔돈은 괜찮습니다.

Quédese con el cambio.
께데세 꼰 엘 깜비오

공항까지 요금이 얼마인가요?

¿Cuánto cuesta hasta el aeropuerto?
꾸안또 꾸에스따 아스따 엘 아에로뿌에르또

도착하는 데 얼마나 걸리나요?

¿Cuánto tiempo tardaremos en llegar?
꾸안또 띠엠뽀 따르다레모스 엔 예가르

15분 정도 걸립니다.

Tardaremos unos 15 minutos.
따르다레모스 우노스 낀쎄 미누또스

택시 필요하세요?

¿Necesita taxi?
네쎄시따 딱씨

택시 좀 불러 주실 수 있나요?

¿Me puede pedir un taxi?
메 뿌에데 뻬디르 운 딱씨

길 묻기

실례합니다.
쇼핑몰은 어디 있나요?

Perdone. ¿Dónde está el centro comercial?
뻬르도네 돈데 에스따 엘 쎈뜨로 꼬메르씨알

실례합니다. 길 좀 물을게요.

Perdone, una pregunta.
뻬르도네 우나 쁘레군따

길 좀 알려 주실래요?

¿Puede indicarme el camino, por favor?
뿌에데 인디까르메 엘 까미노 뽀르 퐈보르

거기 어떻게 가죠?

¿Cómo se puede ir?
꼬모 세 뿌에데 이르

성가족 대성당은
어떻게 가야 하나요?

¿Cómo se va a La Sagrada Familia?
꼬모 세 바 아 라 사그라다 퐈밀리아

가장 가까운 지하철역은
어디인가요?

¿Cuál es la estación de metro más cercana?
꾸알 에스 라 에스따씨온 데 메뜨로 마스 쎄르까나

여기에서 먼가요?

¿Está lejos de aquí?
에스따 레호스 데 아끼

여기서 가까운가요?

¿Queda cerca de aquí?
께다 쎄르까 데 아끼

어디에서 내려야 하죠?

¿Dónde tengo que bajarme?
돈데 뗑고 께 바하르메

이 지역 지도가 있을까요?	**¿Tiene un plano de la ciudad?** 띠에네 운 쁠라노 데 라 씨우닷
지하철 노선도 좀 주세요.	**Déme un plano del metro, por favor.** 데메 운 쁠라노 델 메뜨로 뽀르 퐈보르

대중교통 타기

말라가까지 가는 버스는 어떤 건가요?	**¿Qué autobús va a Málaga?** 께 아우또부스 바 아 말라가
C2번을 타세요.	**Coja el C2.** 꼬하 엘 쎄 도스
	Suba al C2. 수바 알 쎄 도스
표는 어디서 사나요?	**¿Dónde se venden los billetes?** 돈데 세 벤덴 로스 비예떼스
자판기에서 표를 살 수 있어요.	**Puede comprar el billete en la máquina expendedora.** 뿌에데 꼼쁘라르 엘 비예떼 엔 라 마끼나 엑스뻰데도라
톨레도행 버스는 어디에서 출발하죠?	**¿De dónde sale el autobús hacia Toledo?** 데 돈데 살레 엘 아우또부스 아씨아 똘레도
편도표 1장 주세요.	**1 billete de ida, por favor.** 운 비예떼 데 이다 뽀르 퐈보르
왕복으로 2장 주세요.	**2 billetes de ida y vuelta, por favor.** 도스 비예떼스 데 이다 이 부엘따 뽀르 퐈보르
1일 교통권 주세요.	**Quiero comprar un bono de un día.** 끼에로 꼼쁘라르 운 보노 데 운 디아
리마행 버스표는 얼마인가요?	**¿Cuánto cuesta el billete de autobús a Lima?** 꾸안또 꾸에스따 엘 비예떼 데 아우또부스 아 리마
기차/버스 요금은 얼마인가요?	**¿Cuánto es la tarifa de metro/autobús?** 꾸안또 에스 라 따리퐈 데 메뜨로/아우또부스
흡연석이요, 비흡연석이요?	**¿Fumador o no fumador?** 푸마도르 오 노 푸마도르
열차 시간표 좀 주시겠어요?	**¿Puede darme el horario de los trenes?** 뿌에데 다르메 엘 오라리오 데 로스 뜨레네스
몇 시에 버스가 출발하나요?	**¿A qué hora sale el autobús?** 아 께 오라 살레 엘 아우또부스
몇 시에 버스가 도착하나요?	**¿A qué hora llega el autobús?** 아 께 오라 예가 엘 아우또부스

야간열차/버스가 있나요?	**¿Hay viajes nocturnos en tren/autobús?** 아이 비아헤스 녹뚜르노스 엔 뜨렌/아우또부스
다음 역은 어디죠?	**¿Cuál es la próxima parada?** 꾸알 에스 라 쁘록씨마 빠라다
이 버스 시내로 가는 건가요?	**¿Este autobús va al centro?** 에스떼 아우또부스 바 알 쎈뜨로
(지하철) 반대편을 탔어요.	**Me he equivocado de sentido.** 메 에 에끼보까도 데 센띠도
표를 잃어 버렸어요.	**He perdido el billete.** 에 뻬르디도 엘 비예떼
기차를 놓쳤어요.	**He perdido el tren.** 에 뻬르디도 엘 뜨렌
어디서 갈아타야 하나요?	**¿Dónde tengo que hacer el transbordo?** 돈데 뗑고 께 아쎄르 엘 뜨란스보르도
버스가 얼마나 자주 오나요?	**¿Con qué frecuencia circula el autobús?** 꼰 께 프레꾸엔씨아 씨르꿀라 엘 아우또부스
10분마다 지나갑니다.	**Pasa cada 10 minutos.** 빠사 까다 디에쓰 미누또스
이 자리 주인 있나요?	**¿Está ocupado este asiento?** 에스따 오꾸빠도 에스떼 아시엔또
아니요, 아무도 없어요.	**No, está libre.** 노 에스따 리브레
네, 주인이 있어요.	**Sí, está ocupado.** 씨 에스따 오꾸빠도
여기 앉아도 될까요?	**¿Puedo sentarme aquí?** 뿌에도 쎈따르메 아끼
네, 앉으셔도 돼요.	**Sí, puede sentarse.** 씨 뿌에데 쎈따르쎄
내려야 할 때 알려 주세요.	**Dígame cuándo tengo que bajarme.** 디가메 꾸안도 뗑고 께 바하르메
마요 광장까지 몇 정거장 남았나요?	**¿Cuántas estaciones quedan hasta la Plaza de Mayo?** 꾸안따스 에스따씨오네스 께단 아스따 라 쁠라싸 데 마요

048

길을 잃었을 때

여기가 어딘가요?

¿Dónde estoy?
돈데 에스또이

길을 잃었어요.

Me he perdido.
메 에 뻬르디도

길을 잘못 왔어요.

Me he equivocado de calle.
메 에 에끼보까도 데 까예

죄송합니다. 전 여기 사람이 아니에요.

Lo siento, no soy de aquí.
로 시엔또 노 소이 데 아끼

죄송한데, 도와주실 수 있나요?

Perdone. ¿Puede ayudarme?
뻬르도네 뿌에데 아유다르메

푸에르타 델 솔을 찾고 있어요.

Estoy buscando la Puerta del Sol.
에스또이 부스깐도 라 뿌에르따 델 쏠

레알 극장이 어디 있는지 아세요?

¿Sabe dónde está el Teatro Real?
싸베 돈데 에스따 엘 떼아뜨로 레알

이쪽/저쪽이에요.

Es por aquí/allí.
에스 뽀르 아끼/아이

지도에 표시해 주실 수 있나요?

¿Me lo puede enseñar en el mapa?
메 로 뿌에데 엔세냐르 엔 엘 마빠

거리가 얼마나 되나요?

¿A qué distancia está?
아 께 디스딴씨아 에스따

이 길이 맞나요?

¿Este es el camino correcto?
에스떼 에스 엘 까미노 꼬렉또

잘못된 방향으로 가고 있어요.

Va por la dirección equivocada.
바 뽀르 라 디렉씨온 에끼보까다

이 길 이름이 뭔가요?

¿Cómo se llama esta calle?
꼬모 세 야마 에스따 까예

거기 어떻게 가죠?

¿Cómo se puede ir?
꼬모 세 뿌에데 이르

교차로에서 우회전하세요.

Gire a la derecha en el cruce.
히레 아 라 데레차 엔 엘 끄루쎄

다음 모퉁이에서 좌회전 하세요.

Gire a la izquierda en la siguiente esquina.
히레 아 라 이쓰끼에르다 엔 라 시기엔떼 에스끼나

이 길로 가세요.

Coja esta calle.
꼬하 에스따 까예

계속 직진하세요.

Siga todo recto.
씨가 또도 렉또

이정표를 따라가세요.	Siga las señales. 씨가 라스 쎄냘레스
50 미터 정도 가세요.	Continúe unos 50 metros. 꼰띠누에 우노스 씽꾸엔따 메뜨로스
걸어서 갈 수 있나요?	¿Puedo ir andando? 뿌에도 이르 안단도
지하철을 타야 할 거예요.	Debería ir en metro. 데베리아 이르 엔 메뜨로
그건 우/좌측에 있을 거예요.	Estará a su derecha/izquierda. 에스따라 아 수 데레차/이쓰끼에르다
길을 건너세요.	Cruce la calle. 끄루쎄 라 까예

교통 단어.mp3

교통

택시	taxi 딱씨
빈 (택시)	libre 리브레
사용 중인	ocupado 오꾸빠도
택시 기사	chofér 초페르
택시 미터기	taxímetro 딱씨메뜨로
영수증	recibo[comprobante] 레씨보[꼼쁘로반떼]
기본 요금	inicio de servicio 이니씨오 데 세르비씨오
	tarifa base 따리파 바세 ★중남미 banderazo 반데라쏘
택시 요금	tarifa de taxi 따리파 데 딱씨
거스름돈	cambio 깜비오
택시 정류장	parada de taxi 빠라다 데 딱씨
주소	dirección 디렉씨온
지하철	metro 메뜨로
지하철역	estación de metro 에스따씨온 데 메뜨로
거리	distancia 디스딴씨아
시간	tiempo 띠엠뽀
코너	esquina 에스끼나
직진	recto 렉또
직진하다	seguir recto 쎄기르 렉또
빠른	rápido 라삐도

교통, 교통량	tráfico 뜨라피꼬
오른쪽	derecha 데레차
왼쪽	izquierda 이쓰끼에르다
건너편	enfrente 엔프렌떼
근처	cerca 쎄르까
멀리	lejos 레호스
버스 정류장	parada de autobús 빠라다 데 아우또부스
버스	autobús 아우또부스
	colectivo 꼴렉띠보 ★중남미 bus 부스
	camión ★멕시코 까미온
기차	tren 뜨렌
케이블카	teleférico 뗄레페리꼬
전차	tranvía 뜨란비아
자전거	bicicleta 비씨끌레따
승강장	andén 안덴
시간표	horario 오라리오
출발 시간	hora de salida 오라 데 살리다
요금	tarifa 따리파
노선	línea 리네아
창구, 매표소	taquilla[ventanilla] 따끼야[벤따니야] boletería ★중남미 볼레떼리아

편도 승차권	billete de ida 비예떼 데 이다	다리	puente 뿌엔떼
왕복 승차권	billete de ida y vuelta 비예떼 데 이다 이 부엘따	건너편	enfrente 엔프렌떼
표, 티켓	billete 비예떼	~에서, ~로부터	desde 데스데
	boleto ★중남미 볼레또	~까지	hasta 아스따
할인	descuento 데스꾸엔또		
일등석	primera clase 쁘리메라 끌라쎄		
이등석	segunda clase 쎄군다 끌라쎄		
대합실	sala de espera 쌀라 데 에스뻬라		
자판기	máquina expendedora 마끼나 엑쓰뻰데도라		
도착하다	llegar 예가르		
지나다	pasar 빠사르		
내리다	bajar 바하르		
건너다	cruzar 끄루싸르		
돌다	girar 히라르		
가다	ir 이르		

거리

길	calle 까예
인도	acera 아쎄라
대로, 큰길	avenida 아베니다
신호등	semáforo 쎄마포로
횡단보도	paso de cebra[peatones] 빠소 데 쎄브라[뻬아또네스]
가로등	farola 퐈롤라
사거리	cruce 끄루쎄

선택받은 휴식 시간, 시에스타

스페인 여행을 하다 보면 오후 2~5시 사이에 많은 가게들이 휴식 시간을 갖는 것을 볼 수 있다. 스페인에는 siesta시에스따, 일명 '낮잠'을 자는 풍습이 있다. 점심을 먹고 15~30분 정도 낮잠을 자거나 휴식을 취한다. 더위를 피하고 오후 업무를 효율적으로 하기 위한 것이다. 특히 매우 더운 안달루시아 같은 남부 지방에서는 가장 더운 시간인 오후 2~5시 사이에는 약속을 잡지 않기도 한다. 다만 최근에는 생산성을 저하한다는 이유로 대도시에서는 시에스타를 지키지 않는 편이다.

식당의 경우 시에스타가 아니더라도 점심과 저녁 사이에 문을 닫는 경우가 꽤 있다. 보통 가게의 문이나 벽에 운영 시간이 안내되어 있으니 휴식 시간을 피해 방문하는 것이 좋다.

¡Hola, vámonos!

— Part —

식당

Restaurante

◀ 스페인 관광 명소 넷, **몬세라트 수도원**

Abadia de Montserrat

'톱니 모양의 산'이라는 뜻의 몬세라트 산 중턱에 있는 수도원이다. 검은 성모상이 있는 수도원을 비롯해 산 주변에 여러 하이킹 루트가 있어 많은 관광객이 찾는다.

Español de viaje

식당

pattern **06** ✈ pattern **09**

restaurante
레스따우란떼

vino
비노

sangria
상그리아

스페인어로 물은 **agua**아구아라고 한다. 한국과는 달리 스페인 식당에서는 물도 따로 주문을 해야 한다. 이때 그냥 **agua**라고 해도 되고, **agua mineral sin gas**아구아 미네랄 씬 가스라고 말해도 좋다. **sin gas**씬 가스는 '탄산을 뺀'이라는 뜻이다. 유럽에서는 탄산수를 많이 마셔서 탄산수를 기본으로 생각하기도 하니 이 표현을 알아두자. 반대로 탄산수는 **agua con gas**아구아 꼰 가스라고 한다. 스페인에서 웨이터를 부를 때는 '저기요'나 '실례합니다'라는 의미로 **por favor**뽀르 퐈보르나 **perdone**뻬르도네라고 하고, 중남미에서는 남자 웨이터는 **camarero**까마레로, 여자 웨이터는 **camarera**까마레라라고 부르면 된다.

영어 메뉴판이 있나요?
¿Tiene ( )

동사 tener떼네르는 '가지다'라는 뜻으로, 회화에서는 보통 '~이 있다'라고 해석한다. 스페인어는 주어와 시제에 따라 동사 모양이 달라지는데 여기서는 '당신'을 뜻하는 usted 우스뗏이 주어이므로 tener떼네르가 tiene띠에네로 변한다. 보통 usted는 생략하기 때문에 ¿Tiene ~?라고만 해도 '~이 있나요?'라는 말이 된다.

식당 패턴
06.mp3

영어 메뉴판이 있나요?	**¿Tiene la carta en inglés?** 띠에네 라 **까르따** 엔 잉글레스
하우스 와인 있나요?	**¿Tiene vino de la casa?** 띠에네 **비노** 데 라 **까사**
4명 앉을 자리 있나요?	**¿Tiene mesa para 4?** 띠에네 **메사** 빠라 꾸아뜨로
예약하셨나요?	**¿Tiene reserva?** 띠에네 레세르바
후추 있나요?	**¿Tiene pimienta?** 띠에네 **삐미엔따**
채식용 메뉴가 있나요?	**¿Tiene platos para vegetarianos?** 띠에네 **쁠라또스** 빠라 베헤따리아노스

• Word

carta까르따 메뉴 inglés잉글레스 영어 vino비노 와인 casa까사 집 mesa메사 테이블 reserva레세르바 예약
pimienta삐미엔따 후추 platos쁠라또스 요리, 음식 vegetarianos베헤따리아노스 채식주의자

이걸로 할게요.

Quiero [   ]

quiero끼에로는 '~을 하고 싶어요'라는 뜻이다. 이 표현은 '~을 주세요, ~으로 할게요'라는 의미로도 많이 쓴다. 원형은 '원하다, 좋아하다'라는 뜻의 동사 querer께레르다. 유사 표현으로는 '저에게 ~을 주시겠어요?'라는 뜻의 ¿ Me pone ~?메 뽀네가 있다.

식당 패턴
07.mp3

이걸로 할게요.	**Quiero esto.** 끼에로 에스또
레드 와인 한 잔 주세요.	**Quiero una copa de vino tinto.** 끼에로 우나 꼬빠 데 비노 띤도
오징어 샌드위치로 할게요.	**Quiero un bocadillo de calamares.** 끼에로 운 보까디요 데 깔라마레스
스테이크는 미디엄으로 주세요.	**Quiero el filete al punto.** 끼에로 엘 필레떼 알 뿐또
오늘의 특선 요리로 할게요.	**Quiero el plato del día.** 끼에로 엘 쁠라또 델 디아
미트볼로 할게요.	**Quiero albóndigas.** 끼에로 알본디가스

• Word

copa꼬빠 와인 잔 vino tinto비노 띤도 레드 와인 bocadillo보까디요 샌드위치 calamares깔라마레스 오징어
filete필레떼 스테이크 al punto알 뿐또 미디엄(고기를 절반 정도 익힌 상태)
plato del día쁠라또 델 디아 오늘의 특선 요리 albóndigas알본디가스 미트볼

피클은 빼 주세요.

Sin ⬭ por favor.

음식에 특정 재료를 넣지 말라고 부탁해야 하는 경우도 있다. '~없이, ~빼고'라는 표현은
sin씬이다. 이 뒤에 넣지 않았으면 하는 메뉴를 말하고, 문장 맨 끝에 '부탁해요'라는 뜻의
por favor뽀르 퐈보르를 붙이면 '~은 넣지 마세요'라는 표현이 된다.

식당 패턴
08.mp3

피클은 빼 주세요.

Sin pepinillos, por favor.
씬 뻬삐니요스 뽀르 퐈보르

소금은 빼 주세요.

Sin sal, por favor.
씬 쌀 뽀르 퐈보르

스페인 음식은 짠 편이니 꼭 알아둘 것!

양파는 빼 주세요.

Sin cebolla, por favor.
씬 쎄보야 뽀르 퐈보르

마요네즈는 빼 주세요.

Sin mayonesa, por favor.
씬 마요네싸 뽀르 퐈보르

고수는 빼 주세요.

Sin cilantro, por favor.
씬 씰란뜨로 뽀르 퐈보르

소스는 빼 주세요.

Sin salsa, por favor.
씬 쌀사 뽀르 퐈보르

무알콜로 주세요.

Sin alcohol, por favor.
씬 알꼬올 뽀르 퐈보르

● Word ❬ -

pepinillos뻬삐니요스 피클 sal쌀 소금 cebolla쎄보야 양파 mayonesa마요네싸 마요네즈 cilantro씰란뜨로 고수
salsa쌀사 소스 alcohol알꼬올 알콜

맛있는 걸로 추천해 주세요.
¿Me recomienda

'~을 추천해 주실래요?'는 곧 '~한 걸로 추천해 주세요'라는 말이다. 이 표현은 ¿Me recomienda ~?메 레꼬미엔다라고 한다. 참고로 같은 말을 ¿ Podría recomendarme ~? 뽀드리아 레꼬미엔다르메라고 하면 조금 더 정중한 느낌을 줄 수 있다.

식당 패턴 09.mp3

맛있는 걸로 추천해 주세요.	**¿Me recomienda algo rico?** 메 레꼬미엔다 알고 리꼬 *rico 대신! bueno부에노라고 해도 ok!*
이 식당의 특선 요리를 추천해 주세요.	**¿Me recomienda la especialidad de la casa?** 메 레꼬미엔다 라 에스뻬씨알리닷 데 라 까사
대표 음식으로 추천해 주세요.	**¿Me recomienda un plato típico?** 메 레꼬미엔다 운 쁠라또 띠삐꼬
이 요리와 어울리는 와인을 추천해 주세요.	**¿Me recomienda vino para este plato?** 메 레꼬미엔다 비노 빠라 에스떼 쁠라또
저지방 요리로 추천해 주세요.	**¿Me recomienda un plato bajo en grasas?** 메 레꼬미엔다 운 쁠라또 바호 엔 그라사스
디저트 좀 추천해 주세요.	**¿Me recomienda algún postre?** 메 레꼬미엔다 알군 뽀스뜨레

● Word ‹ -

algo알고 어떤 것 rico리꼬 맛있는, 좋은 especialidad de la casa에스뻬씨알리닷 데 라 까사 식당의 특선 요리
plato típico쁠라또 띠삐꼬 대표 음식 vino비노 와인 bajo en grasas바호 엔 그라사스 저지방
algún알군 어떤 postre뽀스뜨레 디저트

식당 표현.mp3

메뉴 추천 받기

식당을 추천해 주세요.	**¿Me recomienda un restaurante?** 메 레꼬미엔다 운 레스따우란떼
무엇을 추천하시나요?	**¿Qué me recomienda?** 께 메 레꼬미엔다
오늘의 특선 요리가 있나요?	**¿Tiene algún plato especial del día?** 띠에네 알군 쁠라또 에스뻬씨알 델 디아
오늘의 요리는 뭔가요?	**¿Cuál es el plato del día?** 꾸알 에스 엘 쁠라또 델 디아
	¿Cuál es el menú de hoy? 꾸알 에스 엘 메누 데 오이
이 요리는 뭔가요?	**¿Qué es este plato?** 께 에스 에스떼 쁠라또
재료가 뭔가요?	**¿Qué ingredientes lleva?** 께 잉그레디엔떼스 예바
유기농인가요?	**¿Esto es orgánico?** 에스또 에스 오르가니꼬
이 지역의 대표 음식으로 주세요.	Quiero un plato típico de este sitio. 끼에로 운 쁠라또 띠삐고 데 에스떼 씨띠오
특별한 와인이 있나요?	**¿Algún vino especial?** 알군 비노 에스뻬씨알
추천해요.	**Lo recomiendo.** 로 레꼬미엔도

주문하기

* 상대가 2명 이상일 때 단어 끝에 -n을 붙여 말한다.

주문하시나요?	**¿Están listos para pedir?** 에스딴 리스또스 빠라 뻬디르
	¿Qué va(n) a tomar? 께 바(반) 아 또마르
	¿Qué desea(n) pedir? 께 데쎄아(안) 뻬디르

무엇을 드릴까요?

¿Qué le pongo?
께 레 뽕고

¿Qué desea[quería]?
께 데쎄아[께리아]

¿En qué le puedo servir[ayudar]?
엔 께 레 뿌에도 쎄르비르[아유다르]

전채요리는 무엇으로 드릴까요?

¿Qué quiere(n) de primero?
께 끼에레(렌) 데 쁘리메로

전채요리는 샐러드로 주세요.

De primero quiero una ensalada.
데 쁘리메로 끼에로 우나 엔살라다

저는 가스파쵸 주세요.

Yo, un gazpacho.
요 운 가쓰빠초

이베리코 하몽 한 접시 주세요.

Una ración de jamón ibérico, por favor.
우나 라씨온 데 하몽 이베리꼬 뽀르 퐈보르

어떤 음료를 원하세요?

¿Qué desea(n) beber?
께 데쎄아(안) 베베르

오렌지 주스 주세요.

Me pone un zumo de naranja.
메 뽀네 운 수모 데 나랑하

저는 맥주 한 잔 주세요.

Para mí, una cerveza.
빠라 미 우나 쎄르베싸

스페인에서는 200ml 맥주를
뜻하는 caña까냐라고 해도 ok!

같은 걸로 주세요.

Tomaré lo mismo.
또마레 로 미스모

더 필요한 거 있으세요?

¿Desea(n) algo más?
데쎄아(안) 알고 마스

¿Necesita(n) algo más?
네쎄시따(딴) 알고 마스

아뇨, 됐습니다.

No, gracias.
노 그라씨아스

더 이상 없어요.

Nada más, gracias.
나다 마스 그라씨아스

주문 다 하셨나요?

¿Eso es todo?
에소 에스 또도

네, 다 했습니다.

Sí, eso es todo.
씨 에소 에스 또도

후식 드실 건가요?

¿Va(n) a tomar postre?
바(반) 아 또마르 뽀스뜨레

후식을 드릴까요, 커피를 드릴까요?

¿Quiere(n) postre o café?
끼에레(렌) 뽀스뜨레 오 까페

후식 메뉴 좀 주시겠어요?

¿Puede traernos la carta de postre?
뿌에데 뜨라에르노스 라 까르따 데 뽀스뜨레

후식은 어떤 걸로 하시겠어요?

¿Qué le gustaría de postre?
께 레 구스따리아 데 뽀스뜨레

치즈케이크 하나 주세요.

Voy a pedir una tarta de queso.
보이 아 뻬디르 우나 따르따 데 께소

사이즈는요?

¿De qué tamaño?
데 께 따마뇨

작은 것/중간 것/큰 것으로 주세요.

Pequeño/mediano/grande, por favor.
뻬께뇨/메디아노/그란데 뽀르 퐈보르

드시고 가시나요, 포장하시나요?

¿Para comer aquí o para llevar?
빠라 꼬메르 아끼 오 빠라 예바르

여기서 먹을 거예요.

Para comer aquí.
빠라 꼬메르 아끼

포장할게요.

Para llevar.
빠라 예바르

맛있게 드세요!

¡Que aproveche!
께 아쁘로베체

¡Buen provecho!
부엔 쁘로베초

취향 말하기

스테이크는 어떻게 구워 드릴까요?

¿Cómo le gustaría su filete?
꼬모 레 구스따리아 수 필레떼

레어로 주세요.

Poco hecho, por favor.
뽀꼬 에초 뽀르 퐈보르

웰던으로 주세요.

Muy hecho, por favor.
무이 에초 뽀르 퐈보르

좀 더 익혀 주세요.

Me la trae más hecha, por favor.
메 라 뜨라에 마스 에차 뽀르 퐈보르

너무 익었어요.

Está demasiado hecha.
에스따 데마시아도 에차

이거 탔어요.

Esto está quemado.
에스또 에스따 께마도

저는 채식주의자예요.

Soy vegetariano/a.
쏘이 베헤따리아노/베헤따리아나

본인이 남자면 vegetariano베헤따리아노,
여자면 vegetariana베헤따리아나

| 저는 해산물 알레르기가 있어요. | Soy alérgico/a a los mariscos. |
| | 쏘이 알레르히꼬/알레르히까 아 로스 마리스꼬스 |

> 알레르기가 있는 사람이 남자면 alérgico알레르히꼬,
> 여자면 alérgica알레르히까

싱겁게 해 주시겠어요?	¿Me lo trae soso?
	메 로 뜨라에 쏘쏘
	¿Me lo trae con un poco de sal?
	메 로 뜨라에 꼰 운 뽀꼬 데 쌀
전 단 것을 싫어해요.	No me gusta el dulce.
	노 메 구스따 엘 둘쎄
우유 좀 더 넣어 주시겠어요?	¿Puede echar un poco más de leche, por favor?
	뿌에데 에차르 운 뽀꼬 마스 데 레체 뽀르 퐈보르
아주 따뜻하게 해 주세요.	Lo quiero muy caliente, por favor.
	로 끼에로 무이 깔리엔떼 뽀르 퐈보르
디카페인으로 주세요.	Descafeinado, por favor.
	데스까페이나도 뽀르 퐈보르
소스 더 주시겠어요?	¿Me trae más salsa, por favor?
	메 뜨라에 마스 살사 뽀르 퐈보르
빵 좀 더 주세요.	Nos trae más pan, por favor.
	노스 뜨라에 마스 빵 뽀르 퐈보르

계산하기

계산서 주세요.	La cuenta, por favor.
	라 꾸엔따 뽀르 퐈보르
카드인가요, 현금인가요?	¿Con tarjeta o en efectivo?
	꼰 따르헤따 오 엔 에펙띠보
카드로 계산해도 될까요?	¿Puedo pagar con tarjeta?
	뿌에도 빠가르 꼰 따르헤따
신용카드 받으세요?	¿Aceptan tarjetas de crédito?
	아쎕딴 따르헤따스 데 끄레디또
네. 받습니다.	Sí, aceptamos.
	씨 아쎕따모스
안 받습니다.	No aceptamos.
	노 아쎕따모스
영수증 주시겠어요?	¿Puede darme el recibo?
	뿌에데 다르메 엘 레씨보

따로 계산할게요.

Queremos pagar por separado.
께레모스 빠가르 뽀르 세빠라도

잔돈은 괜찮아요.

Quédese con el cambio.
께데쎄 꼰 엘 깜비오

Quédese con el vuelto. 중남미
께데쎄 꼰 엘 부엘또

팁이 포함되어 있나요?

¿Está incluido la propina?
에스따 인끌루이도 라 쁘로삐나

이건 팁이에요.

Esto es propina.
에스또 에스 쁘로삐나

식당 단어.mp3

식사

아침 식사	desayuno 데사유노
브런치, 늦은 아침 겸 점심	almuerzo 알무에르쏘
점심 식사, 음식	comida 꼬미다
간식	merienda 메리엔다
저녁 식사	cena 쎄나

> 중남미에서
almuerzo는 점심

메뉴

메뉴	carta[menú] 까르따[메누]
오늘의 메뉴	menú[plato] del día 메누[쁠라또] 델 디아
세트	menú[combo] 메누[꼼보]

> 주로 햄도날드 같은
햄버거 매장에서 쓴다.

애피타이저	aperitivo 아뻬리띠보
메인 요리	segundo plato 세군도 쁠라또
후식	postre 뽀스뜨레
음료	bebida 베비다
탄산음료	refresco 레프레스꼬
타파스	tapas 따빠스
1인분, 한 접시	ración 라씨온

육류&가금류

고기	carne 까르네
소고기	carne de res 까르네 데 레스
돼지고기	carne de cerdo 까르네 데 쎄르도
양고기	cordero 꼬르데로
닭고기	pollo 뽀요
닭 가슴살	pechuga de pollo 뻬추가 데 뽀요
닭 날개	ala de pollo 알라 데 뽀요
닭 다리	muslo de pollo 무슬로 데 뽀요
칠면조	pavo 빠보
오리	pato 빠또
스테이크	filete[bistec] 필레떼[비스떽]
갈비	chuleta 출레따
돼지고기 소시지	chorizo 초리쏘
소시지	salchicha 살치차
햄, 하몽	jamón 하몬
베이컨	beicon 베이꼰
	tocino[panceta] ★중남미 또씨노[빤쎄따]

해산물

해산물	mariscos 마리스꼬스
굴	ostra 오스뜨라

생선	pescado 뻬스까도	고구마	boniato[batata, camote] 보니아또[바따따, 까모떼]
연어	salmón 살몬	가지	berenjena 베렝헤나
훈제연어	salmón ahumado 살몬 아우마도	땅콩	cacahuete[maní] 까까우에떼[마니]
오징어	calamares 깔라마레스	마늘	ajo 아호
문어	pulpo 뿔뽀	버섯	seta[hongo] 세따[옹고]
송어	trucha 뜨루차	고추	chile 칠레
대구	bacalao 바깔라오	올리브	aceitunas[olivas] 아쎄이뚜나스[올리바스]
고등어	caballa 까바야	피망	pimiento 삐미엔또
정어리	sardina 사르디나	비트	remolacha 레몰라차
참치	atún 아뚠	호박	calabaza[zapallo] 깔라바싸[싸빠요]
멸치	anchoas 안초아스	아티초크	alcachofas 알까초파스
새우	gamba[camarón] 감바[까마론]	무	nabo 나보
랍스터	langosta 랑고스따	쌀	arroz 아로쓰
게	cangrejo 깡그레호		
바닷가재	langostino 랑고스띠노		
조개	almejas 알메하스		

채소&곡식

파	cebolleta 쎄보예따
양파	cebolla 쎄보야
상추	lechuga 레추가
오이	pepino 뻬삐노
당근	zanahoria 싸나오리아
감자	patata[papa] 빠따따[빠빠]
토마토	tomate 또마떼

과일

사과	manzana 만싸나
망고	mango 망고
오렌지	naranja 나랑하
바나나	plátano[banana] 쁠라따노[바나나]
파인애플	piña 삐냐
	ananá ★아르헨티나 아나나
배	pera 뻬라
귤	mandarina 만다리나
수박	sandía 산디아
체리	cereza 쎄레싸

멜론	melón 멜론	미네랄 워터, 광천수	agua mineral 아구아 미네랄
레몬	limón 리몬	탄산수	agua tónica[con gas] 아구아 또니까[꼰 가스]
라임	lima 리마	수돗물	agua del grifo 아구아 델 그리포
딸기	fresa 프레사	커피	café 까페
	frutilla ★아르헨티나, 칠레 프루띠야	차	té 떼
포도	uva 우바	주스	zumo 쑤모
키위	kiwi 끼위		jugo ★중남미와 스페인 일부 후고
복숭아	melocotón 멜로꼬똔	오렌지 주스	zumo de naranja 쑤모 데 나랑하
	durazno ★중남미 두라쓰노		

주류

자몽	pomelo 뽀멜로		
	toronja ★중남미 또롱하	술	licor 리꼬르
아보카도	aguacate 아구아까떼	맥주	cerveza 쎄르베싸
	palta ★남미 빨따	칵테일	cóctel 꼭뗄
야자열매, 코코넛	coco 꼬꼬	보드카	vodka 보드까
무화과	higo 이고	위스키	whisky 위스끼
자두	ciruela 씨루엘라	샴페인	champán 참빤
블루베리	arándano 아란다노	와인	vino 비노
라즈베리	frambuesa 프람부에사		

요리

블랙베리	mora[zarzamora] 모라[싸르싸모라]		
석류	granada 그라나다	빵	pan 빤
모과	membrillo 멤브리요	토스트	pan tostado 빤 또스따도
구아버	guayaba 구아야바	(바게트) 샌드위치	bocadillo 보까디요
		샌드위치	sándwich 산드위츠

음료

		시리얼	cereal 쎄레알
물	agua 아구아	추로스	churros 추로스

오징어 튀김	calamares a la romana 깔라마레스 아 라 로마나	식초	vinagre 비나그레
스페인식 감자 오믈렛	tortilla española 또르띠야 에스빠뇰라	올리브 오일	aceite de oliva 아쎄이떼 데 올리바
감자튀김	patatas fritas 빠따따스 프리따스	버터	mantequilla 만떼끼야
수프	sopa 쏘빠	잼	mermelada 메르멜라다
찬 토마토 수프	gazpacho 가스빠초		
스페인식 모듬해물냄비	cazuela de mariscos 까쑤엘라 데 마리스꼬스	**요리법**	뒤에 오는 명사가 여성형이면 형용사 맨 끝자가 o에서 a로 바뀐다.
먹물에 삶은 오징어	calamares en su tinta 깔라마레스 엔 수 띤따	레어	poco hecho 뽀꼬 에초
햄버거	hamburguesa 암부르게사	미디엄/ 미디엄 레어	en su punto 엔 수 뿐또
달걀	huevo 우에보		al punto 알 뿐또
삶은 달걀	huevo duro 우에보 두로	웰던	muy hecho 무이 에초
반숙	huevo pasado por agua 우베보 빠사도 뽀르 아구아		bien cocido 비엔 꼬씨도
수란	huevo escalfado 우에보 에스깔파도	뜨겁게	caliente 깔리엔떼
스크램블	huevos revueltos 우에보스 레부엘또스	차갑게	frío/a 프리오/프리아
치즈	queso 께소	따뜻한	templado/a 뗌쁠라도/뗌쁠라다
		미지근한	tibio/a 띠비오/띠비아

소스			
소금	sal 쌀	**맛**	
설탕	azúcar 아쑤까르	짠	salado/a 살라도/살라다
간장	salsa de soya[soja] 살사 데 쏘야[쏘하]	싱거운	soso/a 쏘쏘/쏘싸
후추	pimienta 삐미엔따	단	dulce 둘쎄
겨자	mostaza 모스따싸	신	agrio/a 아그리오/아그리아
케첩	ketchup 께춥	쓴	amargo/a 아마르고/아마르가
마요네즈	mayonesa 마요네싸	매운	picante 삐깐떼
계피	canela 까넬라	신선한	fresco/a 프레스꼬/프레스까

식당

손님	cliente 끌리엔떼
남자 종업원	camarero 까마레로
여자 종업원	camarera 까마레라

남자 웨이터는 señor쎄뇨르, 여자는 señorita쎄뇨리따 라고 불러도 OK

의자	silla 시야
팁	propina 쁘로삐나
팁 포함	propina incluida 쁘로삐나 인끌루이다
팁 불포함	propina no incluida 쁘로삐나 노 인끌루이다
대표 품목	especialidad 에스뻬씨알리닷
채식주의자	vegetariano/a 베헤따리아노/베헤따리아나
재료	ingrediente 잉그레디엔떼
유기농	orgánico 오르가니꼬
신용카드	tarjeta de crédito 따르헤따 데 끄레디또
현금	metálico[efectivo] 메딸리꼬[에펙띠보]
계산서	cuenta 꾸엔따
영수증	recibo 레씨보
잔돈	cambio 깜비오
	vuelta[vuelto] 부엘따[부엘또]

식기

접시, 요리	plato 쁠라또
테이블	mesa 메싸
포크	tenedor 떼네도르
나이프	cuchillo 꾸치요
스푼	cuchara 꾸차라
컵	vaso 바쏘
와인잔	copa 꼬빠
찻잔	taza 따싸
냅킨	servilleta 세르비예따
병	botella 보떼야

cafetería carta
카페 메뉴 ①

커피	**café** 카페
에스프레소	**café solo** 카페 쏠로
아이스 커피	**café con hielo** 까페 꼰 이엘로
아메리카노	**café americano** 까페 아메리까노
카페 라떼	**café con leche** 까페 꼰 레체
봄본(연유를 넣은 커피)	**café bombón** 까페 봄본
코르타도(에스프레소에 우유를 조금 넣은 커피)	**café cortado** 까페 꼬르따도
디카페인 커피	**café descafeinado** 까페 데스까페이나도
카푸치노	**café cappuchino** 까페 까뿌치노
모카 커피	**café moca** 까페 모가
우유	**leche** 레체
두유	**leche de soja** 레체 데 소하

cafetería carta

카페 메뉴 ②

차	té 떼
녹차	té verde 떼 베르데
민트차	té de menta 떼 데 멘따
레몬차	té con limón 떼 꼰 리몬
카모마일	manzanilla 만싸니야
주스	zumo[jugo] 쑤모[후고]
오렌지 주스	zumo de naranja 쑤모 데 나랑하
사과 주스	zumo de manzana 쑤모 데 만싸나
레모네이드	limonada 리모나다
스무디	licuado 리꾸아도
밀크쉐이크	batido de leche 바띠도 데 레체
핫초코	chocolate caliente 초꼴라떼 깔리엔떼
에너지 음료	bebida energética 베비다 에네르헤띠까
탄산음료	refresco 레프레스꼬

¡Hola, vámonos!

— Part —

04

숙소

Alojamiento

◀ 스페인 관광명소 다섯, **카사 밀라**

Casa Milà

스페인이 낳은 천재 건축가 안토니 가우디의 역작 중 하나인 카사
밀라. 곡선의 아름다움을 뽐내는 이 저택은 1984년에 유네스코
세계문화유산으로 지정되었다.

Español de viaje

숙소

pattern
10 ✈ pattern
12

호텔은 스페인어로 **hotel**오뗄이라고 한다. 스페인어에서는 h를 발음하지 않기 때문에 '호텔'이
아니라 '오뗄'이 된다. 호텔에서 쓰는 용어를 간단히 알아보자. 호텔에 체크인을 할 때 지불하는
보증금은 스페인어로 **garantía**가란띠아라고 하고, 무선 인터넷인 와이파이 **WiFi**는 '위피'라고
한다. 대도시의 호텔은 대부분 와이파이를 제공하지만, 로비에서는 잘 연결되지 않을 수도 있다.
와이파이를 무료로 제공하는지 물어보려면 **¿Hay conexión WiFi gratis?**아이 꼬넥씨온 위
피 그라띠스라고 하면 된다. 참고로 쿠바는 줄을 서서 와이파이 카드를 구매해야 하고, 숙소나 공공
장소에서도 유료인 경우가 많다.

ventana
벤따나

silla
시야

cama
까마

일찍 체크인을 해도 될까요?

¿Podría ⎛　　　　　　　　　　⎞

동사 poder뽀데르는 '~할 수 있다'라는 뜻으로 주어의 인칭과 문법 용법, 시제에 따라 모양이 달라진다. 이 poder를 활용한 ¿ Podría ~?뽀드리아는 '(제가) ~해도 될까요?, ~할 수 있을까요?'라는 뜻의 표현이다.

숙소 패턴
10.mp3

일찍 체크인을 해도 될까요?	¿Podría adelantar el check-in? 뽀드리아 아델란따르 엘 체크인
체크아웃을 늦게 해도 될까요?	¿Podría dejar tarde la habitación? 뽀드리아 데하르 따르데 라 아비따씨온
예약을 취소해도 될까요?	¿Podría cancelar la reserva? 뽀드리아 깐쎌라르 라 레세르바
방을 바꿔도 될까요?	¿Podría cambiar de habitación? 뽀드리아 깜비아르 데 아비따씨온
여기 가방을 맡겨도 될까요?	¿Podría dejar las maletas aquí? 뽀드리아 데하르 라스 말레따스 아끼
신용카드로 계산해도 될까요?	¿Podría pagar con tarjeta de crédito? 뽀드리아 빠가르 꼰 따르헤따 데 끄레디또

● Word ◁

adelantar아델란따르 빨리 하다　dejar데하르 두다, 남기다　tarde따르데 늦게　habitación아비따씨온 방
cancelar깐쎌라르 취소하다　reserva레세르바 예약　cambiar깜비아르 바꾸다　dejar데하르 놓다, 맡기다
maleta말레따 여행 가방　aquí아끼 여기　pagar빠가르 지불하다　tarjeta de crédito따르헤따 데 끄레디또 신용카드

에어컨이 고장났어요.

No funciona ⟨ ⟩

funcionar푼씨오나르는 기계가 '기능을 하다, 작동하다' 라는 뜻의 동사로 앞에 no를 붙이기만 하면 '~이 작동하지 않는다, 고장났다'라는 뜻이 된다. No funciona ~노 푼씨오나 패턴으로 물건의 고장 문제를 해결해 보자. 참고로 뒤에 오는 명사가 복수면 No funcionan노 푼씨오난이라고 한다.

숙소 패턴
11.mp3

헤어 드라이어가 고장났어요.	**No funciona** el secador de pelo. 노 푼씨오나 엘 세까도르 데 **뻴**로
에어컨이 고장났어요.	**No funciona** el aire acondicionado. 노 푼씨오나 엘 **아**이레 아꼰디씨오나도
수도꼭지가 고장났어요.	**No funciona** el grifo. 노 푼씨오나 엘 그리포
열쇠가 고장났어요.	**No funciona** la llave. 노 푼씨오나 라 **야**베
샤워기가 고장났어요.	**No funciona** la ducha. 노 푼씨오나 라 **두**차
TV가 고장났어요.	**No funciona** la televisión. 노 푼씨오나 라 뗄레비시**온**

• Word ⟨ -

secador de pelo세까도르 데 뻴로 헤어 드라이어 aire acondicionado아꼰디씨오나도 에어컨 grifo그리포 수도꼭지
llave야베 열쇠 ducha두차 샤워기 televisión뗄레비시온 텔레비전

택시를 불러줄 수 있을까요?
¿Podría [   ]

앞서 나온 poder뽀데르 동사를 활용한 ¿ Podría ~?뽀드리아는 상대방에게 '(당신은) ~할 수 있나요?, ~해 줄 수 있나요?'라고 가능성을 묻는 표현이기도 하다. 상대방에게 정중하게 부탁하는 말로 사용해 보자.

숙소 패턴
12.mp3

택시를 불러줄 수 있나요?

¿Podría llamar a un taxi?
뽀드리아 야마르 아 운 딱씨

집을 제 방으로
옮겨 줄 수 있나요?

¿Podría llevarme las maletas a la habitación?
뽀드리아 예바르메 라스 말레따스 아 라 아비따씨온

수건 좀 더 주실래요?

¿Podría darme más toallas?
뽀드리아 다르메 마스 또아야스

좀 도와주실 수 있을까요?

¿Podría ayudarme?
뽀드리아 아유다르메

당신의 이름을 한 자씩
말씀해 줄 수 있나요?

¿Podría deletrear su nombre?
뽀드리아 델레뜨레아르 수 놈브레

여기 서명 좀 해 주시겠어요?

¿Podría firmar aquí?
뽀드리아 피르마르 아끼

• Word

llamar야마르 부르다 llevarme예바르메 내 ~을 운반하다 maleta말레따 여행 가방 habitación아비따씨온 방
darme다르메 ~을 나에게 주다 toalla또아야 수건 ayudarme아유다르메 나를 도와주다
deletrear델레뜨레아르 단어를 한 자씩 말하다 nombre놈브레 이름 firmar피르마르 서명하다

체크인/체크아웃 하기

예약하셨나요?
¿Tiene reserva?
띠에네 레세르바

예약했습니다.
Tengo una reserva.
뗑고 우나 레세르바

성함이 어떻게 되시죠?
¿Cuál es su nombre?
꾸알 에스 수 놈브레

제 이름은 박소라입니다.
Mi nombre es Sora Park.
미 놈브레 에스 소라 박

박소라로 예약했습니다.
La reserva está a nombre de Sora Park.
라 레세르바 에스따 아 놈브레 데 소라 박

체크인할게요.
Quiero hacer el check-in.
끼에로 아쎄르 엘 체크인

일찍 체크인해도 될까요?
¿Podría adelantar el check-in?
뽀드리아 아델란따르 엘 체크인

체크아웃하고 싶어요.
Quiero hacer el check-out.
끼에로 아쎄르 엘 체크아웃

몇 시에 체크아웃을 해야 하죠?
¿A qué hora tengo[hay] que dejar la habitación?
아 께 오라 뗑고[아이] 께 데하르 라 아비따씨온

여권 주십시오.
Su pasaporte, por favor.
수 빠사뽀르떼 뽀르 퐈보르

신분증 주십시오.
Su documento de identidad, por favor.
수 도꾸멘또 데 이덴띠닷 뽀르 퐈보르

방 번호가 뭔가요?
¿Cuál es su número de habitación?
꾸알 에스 수 누메로 데 아비따씨온

210호입니다.
La 210.
라 도스씨엔또스 디에쓰

열쇠를 하나 더 주세요.
Necesito otra llave.
네쎄시또 오뜨라 야베

하루 더 머물고 싶어요.
Quiero quedarme una noche más.
끼에로 께다르메 우나 노체 마스

조식 포함인가요?
¿Incluye desayuno?
인끌루예 데사유노

바다 전망인 방을 원해요.

Quiero una habitación con vistas al mar.
끼에로 우나 아비따씨온 꼰 비스따스 알 마르

싱글/더블 룸으로 주세요.

Quiero una habitación individual/doble.
끼에로 우나 아비따씨온 인디비두알/도블레

싱글 룸 있나요?

¿Tiene habitación individual?
띠에네 아비따씨온 인디비두알

서비스 이용하기

조식 시간이 어떻게 되나요?

¿Cuál es el horario del desayuno?
꾸알 에스 엘 오라리오 델 데사유노

7시부터 10시까지입니다.

Es de 7 a 10.
에스 데 씨에떼 아 디에쓰

식당은 어디인가요?

¿Dónde está el restaurante?
돈데 에스따 엘 레스따우란떼

2층에 식당이 있습니다.

El restaurante está en el 2° piso.
엘 레스따우란떼 에스따 엔 엘 쎄군도 삐소

인터넷을 쓸 수 있나요?

¿Se puede utilizar Internet?
세 뿌에데 우띨리싸르 인떼르넷

룸서비스가 있나요?

¿Tiene servicio de habitación?
띠에네 세르비씨오 데 아비따씨온

네, 있습니다.

Sí, tenemos.
씨 떼네모스

룸서비스 부탁합니다.

Servicio de habitaciónes, por favor.
쎄르비씨오 데 아비따씨오네스 뽀르 퐈보르

Servicio al cuarto, por favor.
쎄르비씨오 알 꾸아르또 뽀르 퐈보르   충남이

아침 6시에 깨워 줄 수 있나요?

¿Puede despertarme a las 6 de la mañana?
뿌에데 데스뻬르따르메 아 라스 쎄이스 데 라 마냐나

물론입니다.

Desde luego.
데스데 루에고

Claro.
끌라로

Por supuesto.
뽀르 수뿌에스또

프런트에 요청하기

휴지가 더 필요해요.
Necesito más papel higiénico.
네쎄시또 마스 빠뻴 이히에니꼬

온수가 안 나와요.
No hay agua caliente.
노 아이 아구아 깔리엔떼

히터가 작동을 안 해요.
No funciona la estufa.
노 푼씨오나 라 에스뚜파

방이 더러워요.
La habitación está sucia.
라 아비따씨온 에스따 수씨아

너무 더워요/추워요.
Hace mucho calor/frío.
아쎄 무초 깔로르/프리오

화장실 물통이 고장났어요.
La cisterna no funciona.
라 씨스떼르나 노 푼씨오나

택시를 불러 주실 수 있나요?
¿Puede llamar a un taxi, por favor?
뿌에데 야마르 아 운 딱씨 뽀르 퐈보르

금고가 안 열려요.
No se abre la caja fuerte.
노 세 야브레 라 까하 푸에르떼

숙소 단어.mp3

호텔 시설

프런트	recepción 레쎕씨온
프런트 직원	recepcionista 레쎕씨오니스따
벨 보이	botones 보또네스
안내	información 인포르마씨온
로비	vestíbulo 베스띠불로
예약	reserva 레세르바
보증금	depósito 데뽀씨또
방	habitación[cuarto] 아비따씨온[꾸아르또]
방 호수	número de habitación 누메로 데 아비따씨온
신분증	documento de identidad 도꾸멘또 데 이덴띠닷
여권	pasaporte 빠사뽀르떼
신용카드	tarjeta de crédito 따르헤따 데 끄레디또
열쇠, 키	llave 야베
조식	desayuno 데사유노
식당	restaurante 레스따우란떼
와이파이	Wi-Fi 위피
불만	reclamación 레끌라마씨온
변상	indemnización 인뎀니싸씨온
불만족	insatisfecho 인사띠스페초
엘리베이터	ascensor 아쎈소르
하루에 두 끼 제공	media pensión(MP) 메디아 뻰씨온

하루에 세 끼 제공	pensión completa(PC) 뻰씨온 꼼쁠레따

호텔 방

싱글 룸	habitación individual 아비따씨온 인디비두알
싱글 침대	cama individual 까마 인디비두알
더블 룸	habitación doble 아비따씨온 도블레
더블 침대	cama doble 까마 도블레
트윈 룸	habitación con dos camas 아비따씨온 꼰 도스 까마스
룸서비스	servicio de habitación 쎄르비씨오 데 아비따씨온
오션뷰	vista al mar 비스따 알 마르
에어컨	aire acondicionado 아이레 아꼰디씨오나도
히터	estufa[calefacción] 에스뚜파[깔레팍씨온]
미니바	minibar 미니바르
침대	cama 까마
매트리스	colchón 꼴촌
침대 시트	sábana 싸바나
이불	edredón 에드레돈
베개	almohada 알모아다
테이블	mesa 메싸
전등	lámpara 람빠라
금고	caja fuerte 까하 푸에르떼
수건	toalla 또아야

비누	jabón 하본	
샴푸	champú 참뿌	
헤어 드라이어	secador (de pelo) 쎄까도르 (데 뻴로)	
칫솔	cepillo de dientes 쎄삐요 데 디엔떼스	
치약	pasta de dientes 빠스따 데 디엔떼스	
휴지	papel higiénico 빠뻴 이히에니꼬	
온수	agua caliente 아구아 깔리엔떼	
냉수	agua fría 아구아 프리아	
욕실, 화장실	baño 바뇨	
세면대	lavabo 라바보	
샤워기	ducha 두차	
욕조	bañera 바녜라	
변기	inodoro[váter] 이노도로[바떼르]	
콘센트	enchufe 엔추페	
거울	espejo 에스뻬호	
더러운	sucio/a 수씨오/수씨아	뒤에 오는 명사가 여성형이면 형용사 맨 끝자가 o에서 a로 바뀐다.
깨끗한	limpio/a 림삐오/림삐아	

bar carta

술집 메뉴

와인	**vino** 비노
레드 와인	**vino tinto** 비노 띤또
화이트 와인	**vino blanco** 비노 블랑꼬
로제 와인	**vino rosado** 비노 로싸도
스파클링 와인	**vino espumoso** 비노 에스뿌모소
하우스 와인(식당 자체적으로 제공하는 와인)	**vino de la casa** 비노 데 라 까사
테이블 와인(식사용 와인)	**vino de la mesa** 비노 데 라 메싸
(카탈루냐산) 발포 포도주	**cava** 까바
틴토 데 베라노(레드 와인에 탄산 등을 섞은 술)	**tinto de verano** 띤또 데 베라노
상그리아(레드 와인에 과일을 넣은 것)	**sangría** 상그리아
사과주	**sidra** 씨드라
생맥주	**cerveza de barril** 쎄르베싸 데 바릴
흑맥주	**cerveza negra** 쎄르베싸 네그라
병맥주	**cerveza embotellada** 쎄르베싸 엔보떼야다

식사는 하루 다섯 번?

아침 식사 desayuno데사유노, 브런치 almuerzo알무에르쏘, 점심 식사 comida꼬미다, 간식 merienda메리엔다, 저녁 식사 cena쎄나까지, 식사를 의미하는 스페인어 단어는 꽤 많다. 스페인 사람들의 하루 식사를 알아보자. 대다수의 스페인 사람들은 오전 7시~9시 사이에 빵이나 쿠키를 커피 한 잔과 함께 간단하게 아침으로 먹는다. 한국과 다르게 아침은 중요한 식사가 아니라 생각하는 편이다. 그런 후에 오전 10~11시 사이에 브런치로 샌드위치를 먹거나 커피를 마신다. 스페인 사람들은 점심 식사를 오후 2시쯤 늦게 한다. 스페인에서는 하루 식사 중 가장 중요한 끼니가 바로 이 점심이기 때문에 디저트까지 잘 챙겨 먹는다. 오후 5시 무렵에는 간단한 간식을 즐기고, 저녁 식사는 오후 8~9시 정도에 가볍게 먹는다.

¡Hola, vámonos!

— Part —

05

관광

Turismo

◀ 스페인 관광명소 여섯, **마요르 광장**

Plaza Mayor

마드리드에 위치한 역사적인 광장으로 바, 카페, 상점, 시장 등이
즐비하게 늘어서 있다. 투우, 가면무도회 등의 축제나 왕실 결혼식
등의 대형 행사 등이 이 광장에서 거행된다.

Español de viaje

관광

pattern
13 ✈ pattern
15

catedral
까떼드랄

여행할 때 꼭 알아야 하는 표현 중 하나는 '화장실이 어딘가요?'일 것이다. 스페인에서는 '화장실'을 뜻하는 단어가 여러가지다. 상점, 식당 등에서는 화장실을 주로 **baños**바뇨스나 **servicios** 세르비씨오스 또는 **aseos**아세오스라고 한다. 단, 카탈루냐어를 함께 쓰는 카탈루냐 지역, 대표적으로 바르셀로나에서는 화장실을 **lavabo**라바보라고 하는 경우도 많다. 집에 있는 화장실은 **cuarto de baño**꾸아르또 데 바뇨라고 한다. 관광지를 돌아보기 전에 화장실이 어디 있는지 먼저 체크하자. 보통 매표소나 관광안내소 근처에서 위 단어가 들어간 표지판을 찾으면 된다. 매표소는 스페인어로 **taquilla**따끼야나 **ventanilla**벤따니야라고 하는데, **ticket office** 등의 영어로 표기되어 있는 경우도 있다.

taquilla
따끼야

baño
바뇨

한국어 안내서가 있나요?
¿Tiene

동사 tener떼네르는 '가지다'라는 뜻으로 ¿ Tiene ~?띠에네라고 하면 '~가 있나요?'라는 표현이 된다. 영어로 치면 (Do you) have~?와 비슷하다. 동사 tener는 '당신'이라는 뜻의 주어 usted우스뗏과 만나면 tiene가 된다. 회화에서는 보통 주어는 생략한다.

관광 패턴
13.mp3

한국어 안내서가 있나요?	**¿Tiene la guía en coreano?** 띠에네 라 기아 엔 꼬레아노
투어 상품이 있나요?	**¿Tiene excursiones?** 띠에네 엑스꾸르씨오네스
4명 자리가 있나요?	**¿Tiene mesa para 4?** 띠에네 메사 빠라 꾸아뜨로
오디오 가이드가 있나요?	**¿Tiene audioguía?** 띠에네 아우디오기아
신고 품목이 있나요?	**¿Tiene algo que declarar?** 띠에네 알고 께 데끌라라르
유적지에 대한 정보가 있나요?	**¿Tiene información sobre los sitios históricos?** 띠에네 인포르마씨온 소브레 로스 씨띠오스 이스또리꼬스

● Word

guía기아 안내서, 가이드북 coreano꼬레아노 한국어 excursion엑스꾸르씨온 관광 여행 mesa메사 테이블
cuatro꾸아뜨로 4의 algo알고 어떤 것 declarar데끌라라르 신고하다 información인포르마씨온 정보
sitio씨띠오 장소, 지역 histórico이스또리꼬 역사적인

저 여기 앉아도 될까요?

¿Puedo [   ]

동사 poder뽀데르는 '~할 수 있다'는 뜻인데 이 poder를 활용해서 ¿Puedo~?뿌에도라고 하면 '~해도 될까요?'라고 허락을 구하는 표현이 된다. 참고로 스페인어 동사는 주어와 문법에 따라 모양을 바꾸는데 회화에서는 주로 주어를 생략하고 말한다. puedo라고만 해도 '제가 ~해도 될까요?'라는 뜻을 전달할 수 있다.

관광 패턴
14.mp3

저 여기 앉아도 될까요?	**¿Puedo sentarme aquí?** 뿌에도 센**따**르메 아끼
사진을 찍어도 될까요?	**¿Puedo tomar fotos?** 뿌에도 또마르 **포또스**
좌석을 변경해도 될까요?	**¿Puedo cambiar de asiento?** 뿌에도 깜비**아**르 데 아시**엔**또
이걸 사용해도 될까요?	**¿Puedo usar esto?** 뿌에도 우사르 에스또
지나가도 될까요?	**¿Puedo pasar?** 뿌에도 빠사르
창문을 열어도 될까요?	**¿Puedo abrir la ventana?** 뿌에도 아브리르 라 벤**따**나

● Word

sentarse센따르쎄 앉다 aquí아끼 여기 tomar또마르 (사진을) 찍다 cambiar깜비아르 바꾸다 asiento아시엔또 좌석
usar우싸르 사용하다 pasar빠사르 지나가게 하다 abrir아브리르 열다 ventana벤따나 창문

언제 문을 여나요?
¿Cuándo (   )

'언제 ~하나요?'라고 시기나 시간을 물어볼 때는 ¿Cuándo ~?꾸안도라고 한다.
cuándo는 '언제'라는 뜻의 표현이다. 구체적으로 '몇 시에 ~하나요?'라고 물으려면
¿A qué hora ~?아 께 오라라고 하면 된다.

관광 패턴
15.mp3

언제 문을 여나요?	**¿Cuándo abre?** 꾸안도 아브레
경기는 언제인가요?	**¿Cuándo es el partido?** 꾸안도 에스 엘 빠르띠도
언제 문을 닫나요?	**¿Cuándo cierra?** 꾸안도 씨에라
버스가 몇 시에 출발하죠?	**¿Cuándo sale el autobús?** 꾸안도 살레 엘 아우또부스
조식은 언제 제공되나요?	**¿Cuándo se sirve el desayuno?** 꾸안도 세 시르베 엘 데사유노
공연이 몇 시에 시작하죠?	**¿Cuándo empieza la función?** 꾸안도 엠삐에싸 라 푼씨온

• Word ‹

abre아브레 열다 partido빠르띠도 경기 cierra씨에라 닫다 sale살레 출발하다 autobús아우또부스 버스
servir세르비 식사를 내오다 desayuno데사유노 아침 식사 empieza엠삐에싸 시작하다 función푼씨온 행사, 공연

관광안내소에서

이 근처에 관광 안내소가 있나요?
¿Hay una oficina de turismo por aquí?
아이 우나 오피씨나 데 뚜리스모 뽀르 아끼

무엇을 도와드릴까요?
¿En qué le puedo ayudar?
엔 께 레 뿌에도 아유다르

시내 가이드북 있나요?
¿Hay una guía de la ciudad?
아이 우나 기아 데 라 씨우닷

가이드북 여기 있습니다.
Aquí tiene la guía.
아끼 띠에네 라 기아

이 지역 지도 좀 주실 수 있나요?
¿Puede darme un mapa de la ciudad?
뿌에데 다르메 운 마빠 데 라 씨우닷

이거 충전할 수 있을까요?
¿Puedo cargar esto?
뿌에도 까르가르 에스또

관광 문의하기

어떤 걸 추천하시나요?
¿Qué me recomienda?
께 메 레꼬미엔다

관광지 좀 추천해 주시겠어요?
¿Me recomienda algún lugar turístico?
메 레꼬미엔다 알군 루가르 뚜리스띠꼬

춤출 수 있는 곳을 추천해 주실래요?
¿Me recomienda algún sitio para bailar?
메 레꼬미엔다 알군 씨띠오 빠라 바일라르

보께리아 시장은 먼가요?
¿Está muy lejos el mercado de la Boquería?
에스따 무이 레호스 엘 메르까도 데 라 보께리아

일정이 어떻게 되죠?
¿Qué horario tiene?
께 오라리오 띠에네

투어에 뭐가 포함되나요?
¿Qué incluye la excursión?
께 인끌루예 라 엑스꾸르씨온

요금에 봉사료가 포함되어 있나요?
¿Está incluído el servicio en el precio?
에스따 인끌루이도 엘 세르비씨오 엔 엘 쁘레씨오

네, 포함되어 있습니다.
Sí, está incluído.
씨 에스따 인끌루이도

아니요, 포함되지 않았습니다.

No, no está incluído.
노 노 에스따 인끌루이도

투어는 얼마나 걸리죠?

¿Cuánto dura el recorrido?
꾸안또 두라 엘 레꼬리도

공연 시간이 어떻게 되나요?

¿Cuánto dura la función?
꾸안또 두라 라 푼씨온

공연은 1시간 반 정도 합니다.

La función dura una hora y media.
라 푼씨온 두라 우나 오라 이 메디아

호텔에서 픽업해 주나요?

¿Hay recogida en el hotel?
아이 레꼬히다 엔 엘 오뗄

한국어/영어 투어가 있나요?

¿Hay excursión guiada en coreano/inglés?
아이 엑스꾸르씨온 기아다 엔 꼬레아노/잉글레스

가장 인기 있는 공연이 뭐죠?

¿Cuál es el espectáculo más popular?
꾸알 에스 엘 에스뻭따꿀로 마스 뽀뿔라르

라이브 밴드를 볼 수 있는
바가 있나요?

¿Hay algún bar con espectáculo en vivo?
아이 알군 바르 꼰 에스뻭따꿀로 엔 비보

거기는 매일 여나요?

¿Abren todos los días?
아브렌 또도스 로스 디아스

월요일부터 금요일까지 엽니다.

Está abierto de lunes a viernes.
에스따 아비에르또 데 루네스 아 비에르네스

월요일을 제외하고 문을 엽니다.

Abren todos los días excepto los lunes.
아브렌 또도스 로스 디아스 엑쎕또 로스 루네스

관광하며

들어가도 되나요?

¿Está permitida la entrada?
에스따 뻬르미띠다 라 엔뜨라다

사진 촬영이 가능한가요?

¿Se puede tomar fotos?
세 뿌에데 또마르 포또스

네, 가능합니다

Sí, está permitido.
씨 에스따 뻬르미띠도

금지입니다.

Está prohibido.
에스따 쁘로이비도

사진 한 장 찍어주실 수 있을까요?

¿Puede hacerme una foto, por favor?
뿌에데 아쎄르메 우나 포또 뽀르 퐈보르

어린이도 입장 가능한가요?

¿Pueden pasar los niños?
뿌에덴 빠샤르 로스 니뇨스

미성년자는 출입 금지입니다.	**La entrada de los menores de edad está prohibida.** 라 엔뜨라다 데 로스 메노레스 데 에닷 에스따 쁘로이비다

표 구입하기 --

표는 어디서 사나요?	**¿Dónde se compran las entradas?** 돈데 세 꼼쁘란 라스 엔뜨라다스
입장료는 얼마인가요?	**¿Cuánto cuesta la entrada?** 꾸안또 꾸에스따 라 엔뜨라다
투어는 얼마인가요?	**¿Cuánto vale la excursión?** 꾸안또 발레 라 엑시꾸르씨온
어린이 할인이 있나요?	**¿Hay descuento para niños?** 아이 데스꾸엔또 빠라 니뇨스
추가 요금이 있나요?	**¿Tiene coste adicional?** 띠에네 꼬스떼 아디씨오날
가장 싼 표는 얼마인가요?	**¿Cuánto vale la entrada más económica?** 꾸안또 발레 라 엔뜨라다 마스 에꼬노미까
더 싼 좌석이 있을까요?	**¿Tiene asientos más económicos?** 띠에네 아씨엔또스 마스 에꼬노미꼬스
온라인으로 구입하시면 할인이 됩니다.	**Hay descuento si compra la entrada por Internet.** 아이 데스꾸엔또 시 꼼쁘라 라 엔뜨라다 뽀르 인떼르넷
표 몇 장 드릴까요?	**¿Cuántas entradas quiere?** 꾸안따스 엔뜨라다스 끼에레
표 2장 주세요.	**Déme 2 entradas.** 데메 도스 엔뜨라다스
6시 티켓 2장 주세요.	**Necesito 2 entradas para las 6.** 네쎄시또 도스 엔뜨라다스 빠라 라스 쎄이스
표가 남아 있나요?	**¿Quedan entradas?** 께단 엔뜨라다스
매진입니다.	**Están agotadas.** 에스딴 아고따다스
입구는 어디인가요?	**¿Dónde está la entrada?** 돈데 에스따 라 엔뜨라다

관광 단어.mp3

관광

관광 안내소	oficina de turismo 오피씨나 데 뚜리스모
가이드북, 가이드	guía 기아
책자, 안내서	folleto 포예또
지도	mapa 마빠
스케줄	horario 오라리오
박물관, 미술관	museo 무쎄오
미술관	galería de arte 갈레리아 데 아르떼
전시회	exposición 엑스뽀시씨온
매일	todos los días 또도스 로스 디아스
주말	fin de semana 핀 데 세마나
투어	excursión 엑스꾸르씨온
공연	función[espectáculo] 푼씨온[에스뻭따꿀로]
콘서트	concierto 꼰씨에르또
할인	descuento 데스꾸엔또
어린이	niños 니뇨스
성인	adultos 아둘또스
노인	mayores 마요레스
좌석	asiento 아시엔또
가격	precio 쁘레씨오
입구	entrada 엔뜨라다
출구	salida 살리다

관광지	lugar turístico 루가르 뚜리스띠꼬
유적지	sitios históricos 씨띠오스 이스또리꼬스
기념비, 기념물	monumento 모누멘또
시장	mercado 메르까도
축제	feria 페리아
오디오 가이드	audioguía 아우디오기아
사진을 찍다	hacer[tomar] fotos 아쎄르[또마르] 포또스
관광객	turista 뚜리스따
카메라	cámara 까마라
극장	teatro 떼아뜨로
가게	tienda 띠엔다
백화점	grandes almacenes 그란데스 알마쎄네스
쇼핑센터	centro comercial 쎈뜨로 꼬메르씨알

에너지 가득한 플라멩코와 투우

스페인 여행 중에 꼭 봐야 할 공연 중 하나는 바로 flamenco^{플라멩꼬}다. 로마와 인도, 아프리카의 영향을 받은 스페인의 전통 춤인 플라멩코는 2010년 유네스코의 세계무형문화유산으로 선정됐다. 안달루시아 지방 세비야가 플라멩코의 본고장으로 유명한데, 플라멩코는 15세기 후반 안달루시아 지방에 정착한 집시들이 삶의 애환을 음악과 춤으로 표현하면서 시작되었다. 플라멩코 공연은 하루에 2~3번 정도 진행되고, 음식을 먹으면서 공연을 볼 수 있는 패키지도 있다.

스페인 하면 생각나는 또 다른 공연은 바로 투우다. 성난 소와 싸우는 투우는 스페인어로 toreo^{또레오}라고 하는데, 투우 경기 중에 발생하는 사상자와 동물학대 논란으로 현재는 카탈루냐 지역에서는 금지되었다. 한편, 관광 수입원이자 오래된 전통이기 때문에 금지해서는 안 된다는 의견도 있다.

¡Hola, vámonos!

— Part —

쇼핑

Ir de compras

◄ 스페인 관광명소 일곱, **마요르카 섬**

Isla de Mallorca

아름다운 지중해를 즐길 수 있는 스페인에서 가장 큰 섬이다. 관광
과 휴양을 동시에 할 수 있어서 신혼여행지로 각광받고 있다.

Español de viaje

쇼핑

pattern
16 ✈ pattern
18

grandes almacenes
그란데스 알마쎄네스

이제 시장에
가자~

그래!

세일 기간에 스페인을 여행한다면 백화점이나 대형 쇼핑몰, 아웃렛에서 현지 브랜드 제품을 저렴하게 구입할 수 있다. 현지인이 된 기분을 느끼고 싶다면 mercado메르까도라고 하는 시장이나 mercadillo메르까디요라고 하는 벼룩시장에 들려 보자. 시장에 가면 흥정은 기본. 이때 꼭 알아야 하는 문장은 '이거 얼마예요?'라는 뜻의 Cuánto es esto?꾸안또 에스 에스또와 '깎아 주세요'라는 뜻의 Descuento, Por favor.데스꾸엔또 뽀르 파보르 딱 두 가지뿐이다. 요새는 정찰제로 운영하는 시장도 많으니 자신의 상황과 예산에 맞는 쇼핑을 즐기자.

mercado
메르까도

jamón
하몬

이 향수는 얼마인가요?

¿Cuánto cuesta

¿Cuánto cuesta ~?꾸안또 꾸에스따는 '~은 얼마인가요?'라는 뜻이다. costar꼬스따르는 '값이 나가다'라는 뜻의 동사인데 뒤에 나오는 물건의 수량이 단수일 때는 cuesta꾸에스 따라고 하고, 물건이 복수일 때는 cuestan꾸에스딴이 된다.

쇼핑 패턴
16.mp3

이 향수는 얼마인가요?	¿Cuánto cuesta este perfume? 꾸안또 꾸에스따 에스떼 뻬르푸메
셔츠는 얼마인가요?	¿Cuánto cuesta una camisa? 꾸안또 꾸에스따 우나 까미사
스웨터는 얼마인가요?	¿Cuánto cuesta el jersey? 꾸안또 꾸에스따 엘 헤르세이
사건 일마인가요?	¿Cuánto cuesta aquello? 꾸안또 꾸에스따 아께요
이 바지는 얼마인가요?	¿Cuánto cuestan estos pantalones? 꾸안또 꾸에스딴 에스또스 빤딸로네스
신발은 얼마인가요?	¿Cuánto cuestan los zapatos? 꾸안또 꾸에스딴 로스 싸빠또스

이거 esto에스또,
그거 eso에소도
넣어서 말해 보자.

• Word

este에스떼 (단수 지시형용사) 이 perfume뻬르푸메 향수 camisa까미사 셔츠 jersey헤르세이 스웨터
aquello아께요 저거 estos에스또스 (복수 지시형용사) 이 pantalones빤딸로네스 바지 zapatos싸빠또스 신발

이 지갑 주세요.

Me llevo

Me llevo ~메 예보는 '내가 ~을 가지고 가다'라는 뜻이다. 이 말은 일상회화에서 '저 ~을 주세요'라는 의미로 쓸 수 있다. 쇼핑할 때 이 뒤에 원하는 물건을 넣어 말하면 그것을 사겠다는 말이 된다.

쇼핑 패턴
17.mp3

이 지갑 주세요.	**Me llevo** esta billetera. 메 예보 에스따 비예떼라
그 선글라스 주세요.	**Me llevo** esas gafas de sol. 메 예보 에사스 가파스 데 솔
이거 주세요.	**Me llevo** esto. 메 예보 에스또
파란색으로 주세요.	**Me llevo** el azul. 메 예보 엘 아쑬
빨간색 셔츠로 할게요.	**Me llevo** la camisa roja. 메 예보 라 까미사 로하
다섯 개 주세요.	**Me llevo** 5. 메 예보 씽꼬
한 개만 주세요.	**Me llevo** solo uno. 메 예보 쏠로 우노

• Word

billetera비예떼라 지갑 gafas de sol가파스 데 솔 선글라스 esto에스또 (지시대명사 중성형) 이것 azul아쑬 파란색
camisa까미사 셔츠 roja로하 붉은 cinco씽꼬 다섯, 5의 solo쏠로 단 하나

재킷을 찾고 있어요.

Estoy buscando

어떤 물건을 찾을 때는 '~을 찾고 있어요'라는 뜻의 표현인 Estoy buscando ~에스또이
부스깐도라고 하면 된다. 여기서 buscando는 '~을 찾다'라는 뜻의 동사 buscar부스까르
를 활용한 표현이다.

쇼핑 패턴
18.mp3

재킷을 찾고 있어요.	**Estoy buscando** una chaqueta. 에스또이 부스깐도 우나 차께따
쿠바 시가를 찾고 있어요.	**Estoy buscando** tabaco cubano. 에스또이 부스깐도 따바꼬 꾸바노
전통 제품을 찾고 있어요.	**Estoy buscando** productos tradicionales. 에스또이 부스깐도 쁘로둑또스 뜨라디씨오날레스
더 저렴한 걸 찾고 있어요.	**Estoy buscando** algo más económico. 에스또이 부스깐도 알고 마스 에꼬노미꼬
다른 색을 찾고 있어요.	**Estoy buscando** en otro color. 에스또이 부스깐도 엔 오뜨로 꼴로르
자라 매장을 찾고 있어요.	**Estoy buscando** la tienda Zara. 에스또이 부스깐도 라 띠엔다 싸라

● Word

chaqueta차께따 재킷 tabaco따바꼬 담배 cubano꾸바노 쿠바의 algo알고 어떤 것 económico에꼬노미꼬 저렴한, 싼
productos tradicionales쁘로둑또스 뜨라디씨오날레스 전통 제품 otro오뜨로 다른 color꼴로르 색상
tienda띠엔다 가게, 상점

쇼핑 표현.mp3

쇼핑하기

무엇이 필요하세요?

¿Qué desea[necesita]?
께 데세아[네쎄시따]

그냥 구경 중이에요.

Voy a echar un vistazo.
보이 아 에챠르 운 비스따쏘

Sólo estoy mirando. 중남미
쏠로 에스또이 미란도

코트를 사려고요.

Quiero un abrigo.
끼에로 운 아브리고

탈의실은 어디에 있죠?

¿Dónde están los probadores?
돈데 에스딴 로스 쁘로바도레스

저쪽에 있어요.

Están allí.
에스딴 아이

탈의실이 없어요.

No hay probadores.
노 아이 쁘로바도레스

입어 볼게요.

Voy a probármelo.
보이 아 쁘로바르멜로

이거 입어 봐도 되나요?

¿Puedo probarme esto?
뿌에도 쁘로바르메 에스또

네, 입어 보세요.

Sí, pruébeselo.
씨 쁘루에베셀로

기념품은 어디서 파나요?

¿Dónde venden souvenirs?
돈데 벤덴 쑤베니르스

수제품인가요?

¿Está hecho a mano?
에스따 에초 아 마노

무엇으로 만들었나요?

¿De qué está hecho?
데 께 에스따 에초

가죽입니다.

Es de cuero.
에스 데 꾸에로

이건 어디에서 구할 수 있죠?

¿En dónde puedo encontrar esto?
엔 돈데 뿌에도 엔꼰뜨라르 에스또

이 상품은 어디에 있나요?

¿Dónde está este producto?
돈데 에스따 에스떼 쁘로둑또

더 큰/작은 사이즈 있나요?

¿Tiene en talla más grande/pequeña?
띠에네 엔 따야 마스 그란데/뻬께냐

다른 사이즈/디자인 있나요?

¿Tiene en otro tamaño/diseño?
띠에네 엔 오뜨로 따마뇨/디세뇨

네, 있습니다.

Sí, lo[la] tenemos.
씨 로[라] 떼네모스

아니요, 없습니다.

No, no lo tenemos.
노 노 로 떼네모스

더 짧은/긴 것 있어요?

¿Hay algo más corto/largo?
아이 알고 마스 꼬르또/라르고

네, 있어요.

Sí, hay.
씨 아이

아니요, 없어요.

No, no hay.
노 노 아이

사이즈가 어떻게 되시나요?

¿Qué talla tiene?
께 따야 띠에네

사이즈 9 있나요?

¿Tiene en la talla 9?
띠에네 엔 라 따야 누에베

제 사이즈가 뭔지 모르겠어요.

No sé cuál es mi talla.
노 쎄 꾸알 에스 미 따야

낮은/높은 굽을 원해요.

Quiero los tacones bajos/altos.
끼에로 로스 따꼬네스 바호스/알또스

이거 더 있나요?

¿Queda más de esto?
께다 마스 데 에스또

몇 개 필요하세요?

¿Cuánto quiere?
꾸안또 끼에레

하나 주세요.

Déme uno, por favor.
데메 우노 뽀르 퐈보르

착용하기

잘 맞으세요?	¿Qué tal le queda? 께 딸 레 께다
잘 맞아요.	Me queda bien. 메 께다 비엔
잘 안 맞아요.	Me queda mal. 메 께다 말
어떠세요?	¿Qué le parece? 께 레 빠레쎄
저한테 작아요/커요.	Me queda pequeño/grande. 메 께다 뻬께뇨/그란데
저한테 잘 어울리나요?	¿Me queda bien? 메 께다 비엔
당신에게 잘 어울리네요.	Le queda bien. 레 께다 비엔

결제하기

주세요.	Me lo llevo. 메 로 예보
그걸로 할게요.	Me llevo eso. 메 예보 에소
저걸 원해요.	Quiero aquello. 끼에로 아께요
저것들 중 하나 주세요.	Quisiera uno de esos, por favor. 끼시에라 우노 데 에소스 뽀르 퐈보르
더 필요한 것 없으세요?	¿Algo más? 알고 마스
더 없습니다.	Nada más. 나다 마스
얼마인가요?	¿Cuánto vale[es]? 꾸안또 발레[에스]
총 얼마인가요?	¿Cuánto es en total? 꾸안또 에스 엔 또딸
더 저렴한 게 있나요?	¿Tiene algo más barato? 띠에네 알고 마스 바라또

신용카드 받으세요?

¿Aceptan tarjetas de crédito?
아쎕딴 따르헤따스 데 끄레디또

네, 받습니다.

Sí, aceptamos.
씨 아쎕따모스

현금인가요? 카드인가요?

¿Paga en efectivo o con tarjeta de crédito?
빠가 엔 에펙띠보 오 꼰 따르헤따 데 끄레디또

영수증 주세요.

El recibo, por favor.
엘 레씨보 뽀르 퐈보르

여기 영수증입니다.

Aquí está el recibo.
아끼 에스따 엘 레씨보

쇼핑

> 뒤에 여성형 명사가 오면
> 형용사의 맨 끝 글자를 a로 바꾼다.

시장	mercado 메르까도
벼룩시장	mercadillo 메르까디요
백화점	grandes almacenes 그란데스 알마쎄네스
상점	tienda 띠엔다
선물, 기념품	souvenir[regalo] 쑤베니르[레갈로]
색상	color 꼴로르
디자인	diseño 디쎄뇨
가격	precio 쁘레씨오
합계	total 또딸
신용카드	tarjeta de crédito 따르헤따 데 끄레디또
현금	metálico[efectivo] 메딸리꼬[에펙띠보]
영수증	recibo 레씨보
비싼	caro/a 까로/까라
싼	barato/a 바라또/바라따
환불하다	devolver 데볼베르
예쁜	bonito/a 보니또/보니따
못생긴	feo/a 페오/페아
잘 어울리다 /잘 맞다	quedarle bien 께다르레 비엔
어울리지 않다 /잘 안 맞다	quedarle mal 께다르레 말

의류

블라우스	blusa 블루사
셔츠	camisa 까미사
티셔츠	camiseta 까미세따
치마	falda 팔다
바지	pantalones 빤딸로네스
반바지	pantalones cortos 빤딸로네스 꼬르또스
청바지	vaqueros[jeans] 바께로스[진스]
재킷	chaqueta 차께따
코트	abrigo 아브리고
가디건	rebeca 레베까
원피스	vestido 베스띠도
정장	traje 뜨라헤
넥타이	corbata 꼬르바따
속옷	ropa interior 로빠 인떼리오르
수영복	bañador[traje de baño] 바냐도르[뜨라헤 데 바뇨]
스카프	pañuelo 빠뉴엘로
사이즈	talla 따야

악세사리&잡화

뒤에 여성형 명사가 오면 형용사의 맨 끝 글자를 a로 바꾼다.

핸드백	bolso[bolsa] 볼소[볼사]	
백팩	mochila 모칠라	
지갑	cartera[billetera] 까르떼라[비예떼라]	
시계	reloj 렐로흐	
금	oro 오로	
은	plata 쁠라따	
귀걸이	pendientes 뻰디엔떼스	
	aretes[aros] ★중남미 아레떼스[아로스]	
반지	sortija[anillo] 소르띠하[아니요]	
목걸이	collar 꼬야르	
팔찌	pulsera 뿔세라	
벨트	cinturón 씬뚜론	
가죽	cuero 꾸에로	
우산	paraguas 빠라구아스	
장갑	guantes 구안떼스	
모자	sombrero 솜브레로	
선글라스	gafas de sol 가파스 데 솔	

신발

신발	zapatos 싸빠또스
부츠	botas 보따스
샌들	sandalias 산달리아스
슬리퍼, 쪼리	chanclas[chancletas] 찬끌라스[찬끌레따스]
운동화	zapatillas deportivas 싸빠띠야스 데뽀르띠바스
하이힐	zapatos de tacón alto 싸빠또스 데 따꼰 알또

사이즈

뒤에 여성형 명사가 오면 형용사의 맨 끝 글자를 a로 바꾼다.

작은, 소	pequeño/a 뻬께뇨/뻬께냐
중간, 중	mediano/a 메디아노/메디아나
큰, 대	grande 그란데
넓은	ancho/a 안초/안차
좁은	estrecho/a 에스뜨레초/에스뜨레차
짧은	corto/a 꼬르또/꼬르따
긴	largo/a 라르고/라르가
헐렁한	suelto/a 수엘또/수엘따
	flojo/a ★중남미 플로호/플로하
조이는, 꽉 끼는	apretado/a 아쁘레따도/아쁘레따따

112

카사 바트요 Casa Batlló

¡Hola, vámonos!

— Part —

위급상황

Emergencia

◀ 스페인 관광명소 여덟, **캄프 누 스타디움**

Camp Nou Stadium

바르셀로나에 위치한 스페인의 세계적인 축구팀, FC 바르셀로나의 홈구장이다. 경기를 보지 않더라도 경기장 투어 상품을 구매하면 내부를 둘러볼 수 있다.

Español de viaje

위급상황

pattern **19** ✈ pattern **21**

스페인어로 약국은 **farmacia**파르마씨아, 병원은 **hospital**오스피탈이라고 한다. 두통, 소화불량, 복통, 감기, 진통제 등의 단어를 찾아 보여 주면 약사가 적당한 약을 추천해 줄 것이다. 관련 단어는 125p를 참고하자. 여행 중에 여권을 잃어버리는 등의 사고가 발생했다면 대한민국 대사관이나 영사관에 방문해야 한다. 주 스페인 대한민국 대사관은 마드리드에 있으며 2019년에 대한민국 총영사관이 바르셀로나에 다시 문을 열었다. 스페인어권 나라마다 대사관의 위치가 다르니 여행하기 전에 꼭 확인해 둘 것. 참고로 대한민국은 **Corea del sur**꼬레아 델 쑤르(남한)라고 한다.

embajada de Corea del sur
엠바하다 데 꼬레아 델 쑤르

배가 아파요.

Me duele

'아프다'라는 뜻의 동사 doler돌레르를 활용해서 '저 ~가 아파요'라고 말할 때는 Me duele ~메 두엘레라고 한다. 뒤에 나오는 내용이 단수일 때 동사 doler는 duele두엘레로 변하고, 복수일 때는 duelen두엘렌이 된다.

위급상황 패턴
19.mp3

배가 아파요.

Me duele el estómago.
메 두엘레 엘 에스**또**마고

머리가 아파요.

Me duele la cabeza.
메 두엘레 라 까**베**싸

목이 아파요.

Me duele la garganta.
메 두엘레 라 가르**간**따

온몸이 아파요.

Me duele todo el cuerpo.
메 두엘레 **또**도 엘 꾸**에**르뽀

다리가 아파요.

Me duelen las piernas.
메 두엘렌 라스 삐**에**르나스

• Word

estómago에스또마고 위, 배 cabeza까베싸 머리 garganta가르간따 목, 목구멍 todo또도 모든
cuerpo꾸에르뽀 몸, 신체 pierna삐에르나 다리

가방을 도둑맞았어요.

Me han robado ⬭

'저는 ~을 도둑맞았어요'는 Me han robado ~메 안 로바도라고 한다. 이 뒤에 도둑맞은 물건을 붙이면 된다. robado는 '도둑질하다, 훔치다'라는 뜻의 동사 robar로바르를 활용한 표현이다.

위급상황 패턴
20.mp3

가방을 도둑맞았어요.

Me han robado el bolso.
메 안 로바도 엘 볼쏘

여권을 도둑맞았어요.

Me han robado el pasaporte.
메 안 로바도 엘 빠사**뽀**르떼

지갑을 도둑맞았어요.

Me han robado la cartera.
메 안 로바도 라 까르**떼**라

카메라를 도둑맞았어요.

Me han robado la cámara.
메 안 로바도 라 **까**마라

핸드폰을 도둑맞았어요.

Me han robado el móvil.
메 안 로바도 엘 **모**빌

오늘 오전에 도둑맞았어요.

Me han robado esta mañana.
메 안 로바도 **에**스따 마**냐**나

버스 정류장에서
도둑맞았어요.

Me han robado en la parada de autobús.
메 안 로바도 엔 라 빠**라**다 데 아우또부스

● Word

bolso볼쏘 가방 móvil모빌 핸드폰 cartera까르떼라 지갑 cámara까마라 카메라 pasaporte빠사뽀르떼 여권
esta mañana에스따 마냐나 오늘 오전 parada빠라다 정류장 autobús아우또부스 버스

여권을 잃어버렸어요.
He perdido 〔　　　　　　　　　　〕

여행 중에 물건을 분실했을 때는 어떻게 말해야 할까? '전 ~을 잃어버렸어요'는 스페인어로 He perdido ~에 뻬르디도라고 한다. 이 뒤에 잃어버린 물건을 붙이면 된다. he에는 조동사 haber아베르의 활용형이다.

위급상황 패턴
21.mp3

여권을 잃어버렸어요.	**He perdido** el pasaporte. 에 뻬르디도 엘 빠사**뽀**르떼
제 짐을 잃어버렸어요.	**He perdido** mis maletas. 에 뻬르디도 미스 말레따스
열쇠를 잃어버렸어요.	**He perdido** la llave. 에 뻬르디도 라 야베
돈을 잃어버렸어요.	**He perdido** dinero. 에 뻬르디도 디네로
택시에서 가방을 잃어버렸어요.	**He perdido** el bolso en el taxi. 에 뻬르디도 엘 볼소 엔 엘 딱씨
노트북을 잃어버렸어요.	**He perdido** el ordenador portátil. 에 뻬르디도 엘 오르데나도르 뽀르따띨

● **Word**

pasaporte빠사뽀르떼 여권 maleta말레따 여행 가방, 짐 llave야베 열쇠, 키 dinero디네로 돈 taxi딱씨 택시
bolso볼소 가방 ordenador portátil오르데나도르 뽀르따띨 노트북

위급상황
표현.mp3

병원/약국에서

근처에 약국이 있나요?	¿Hay alguna farmacia por aquí? 아이 알구나 파르마씨아 뽀르 아끼
근처에 병원이 어디 있나요?	¿Dónde hay un hospital por aquí? 돈데 아이 운 오스삐딸 뽀르 아끼
어떤 문제가 있나요?	¿Cuál es el problema? 꾸알 에스 엘 쁘로블레마
	¿Qué problema tiene? 께 쁘로블레마 띠에네
어떤 증상이 있나요?	¿Cuáles son sus síntomas? 꾸알레스 손 수스 신또마스
어디가 아프세요?	¿Dónde le duele? 돈데 레 두엘레
여기가 아파요?	¿Le duele aquí? 레 두엘레 아끼
여기가 아파요.	Me duele aquí. 메 두엘레 아끼
한번 봐도 될까요?	¿Puedo echar un vistazo? 뿌에도 에차르 운 비쓰따쏘
열이 있나요?	¿Tiene fiebre? 띠에네 피에브레
기침을 하나요?	¿Tiene tos? 띠에네 또스
알레르기가 있나요?	¿Tiene alergias? 띠에네 알레르히아스
저는 알레르기 체질이에요.	Tengo alergias. 뗑고 알레르히아스
항생제 알러지가 있어요.	Soy alérgico/a a los antibióticos. 소이 알레르히꼬/알레르히까 아 로스 안띠비오띠꼬스
어지러워요.	Me siento mareado/a. <small>말하는 사람이 남자면 -o, 여자면 -a</small> 메 시엔또 마레아도/마레아다
저 (상태가) 안 좋아요.	Me siento mal. 메 시엔또 말

속이 울렁거려요.	Siento náuseas. 시엔또 나우세아스
설사를 해요.	Tengo diarrea. 뗑고 디아레아
소화가 안 돼요.	Tengo indigestión. 뗑고 인디헤스띠온
복용하는 약이 있나요?	¿Está tomando alguna medicina? 에스따 또만도 알구나 메디씨나
	¿Toma medicinas? 또마 메디씨나스
음주/흡연을 하세요?	¿Bebe/Fuma? 베베/푸마
평소에 앓고 있는 병이 있나요?	¿Padece de alguna enfermedad? 빠데쎄 데 알구나 엔페르메닷
저혈압/고혈압이에요.	Tengo la presión baja/alta. 뗑고 라 쁘레시온 바하/알따
응급이에요.	Es urgente. 에스 우르헨떼
체온을 재겠습니다.	Voy a tomarle la temperatura. 보이 아 또마를레 라 뗌뻬라뚜라
입을 벌리세요.	Abra la boca, por favor. 아브라 라 보까 뽀르 퐈보르

물건을 잃어버렸을 때

분실물 센터는 어디에 있나요?	¿Dónde está la oficina de objetos perdidos? 돈데 에스따 라 오피씨나 데 오브헤또스 뻬르디도스
한국 대사관이 어디에 있죠?	¿Dónde está la embajada de Corea? 돈데 에스따 라 엠바하다 데 꼬레아
가까운 경찰서는 어디인가요?	¿Dónde hay una comisaría por aquí? 돈데 아이 우나 꼬미사리아 뽀르 아끼
분실 신고를 하러 왔어요.	Vengo a denunciar una pérdida. 뼁고 아 데눈씨아르 우나 뻬르디다
도난 신고를 하러 왔어요.	Quiero hacer una denuncia de robo. 끼에로 아쎄르 우나 데눈씨아 데 로보
무엇을 잃어버렸나요?	¿Qué se le ha perdido? 께 세 레 아 뻬르디도

가방을 잃어버렸어요.	He perdido el bolso. 에 뻬르디도 엘 볼쏘
핸드폰을 분실했어요.	Se me ha perdido el móvil. 세 메 아 뻬르디도 엘 모빌
언제 어디서 잃어버렸나요?	¿Dónde y cuándo lo ha perdido? 돈데 이 꾸안도 로 아 뻬르디도
그저께 지갑을 잃어버렸어요.	Anteayer perdí la cartera. 안떼아예르 뻬르디 라 까르떼라
길에서 도난당했어요.	Me han robado en la calle. 메 안 로바도 엔 라 까예
택시에 지갑을 두고 내렸어요.	Olvidé la cartera en un taxi. 올비데 라 까르떼라 엔 운 딱씨
기차에 가방을 두고 내렸어요.	He dejado mi bolso en el tren. 에 데하도 미 볼쏘 엔 엘 뜨렌
배낭에 무엇이 들어 있었나요?	¿Qué llevaba en la mochila? 께 예바바 엔 라 모칠라
돈은 얼마나 들어 있었나요?	¿Cuánto dinero llevaba? 꾸안또 디네로 예바바
어떻게 된 건가요?	¿Qué ha ocurrido? 께 아 오꾸리도
소매치기가 가방을 찢었어요.	El carterista ha roto mi bolso. 엘 까르떼리스따 아 로또 미 볼소
서류를 작성해 주세요.	Complete el documento, por favor. 꼼쁠레떼 엘 도꾸멘또 뽀르 퐈보르

도움 요청하기

급해요!	¡Es urgente! 에스 우르헨떼
	¡Tengo prisa! 뗑고 프리싸
서둘러 주세요!	¡Dése prisa, por favor! 데세 쁘리싸 뽀르 퐈보르
	¡Rápido, por favor! 라삐도 뽀르 퐈보르

응급상황이에요.	¡Es una emergencia! 에스 우나 에메르헨씨아
도와주세요!	¡Ayuda! 아유다
	¡Ayúdeme! 아유데메
저 좀 도와주시겠어요?	¿Puede ayudarme? 뿌에데 아유다르메
살려주세요!	¡Auxilio! 아욱씰리오
	¡Socorro! 소꼬로
도둑이야!	¡Ladrón! 라드론
여기요!	¡Aquí! 아끼
제발요!	¡Por favor! 뽀르 퐈보르
조심해요!	¡Cuidado! 꾸이다도
경찰 불러요!	¡Llame a la policía! 야메 아 라 뽈리씨아
사고가 났어요.	He tenido un accidente. 에 떼니도 운 악씨덴떼
구급차 좀 보내 주세요.	Envíeme una ambulacia, por favor. 엔비에메 우나 암불란씨아 뽀르 퐈보르
괜찮으세요?	¿Está bien? 에스따 비엔
네, 괜찮아요.	Sí, estoy bien. 씨 에스또이 비엔
아니요, 괜찮지 않아요.	No, no estoy bien. 노 노 에스또이 비엔

이것도! 위급상황 단어 · · · Emergencia

위급상황
단어.mp3

약국

약국	farmacia 파르마씨아
약	medicina[medicamento] 메디씨나[메디까멘또]
처방전	receta 레쎄따
진통제	analgésico 아날헤시꼬
연고	pomada 뽀마다
소화제	digestivo 디헤스띠보
일회용 밴드	tiritas 띠리따스
붕대	venda 벤다
구급약 상자	botiquín 보띠낀
주사	inyección 인옉씨온
생리대	compresa (higiénica) 꼼쁘레싸 (이히에니까)
피임약	píldora anticonceptiva 삘도라 안띠꼰쎕띠바
콘돔	condón[preservativo] 꼰돈[쁘레세르바띠보]

병원

병원	hospital[clínica] 오스삐딸[끌리니까]
구급차	ambulancia 암불란씨아
수술	cirugía 씨루히아
의사	doctor(a) 독또르/라 의사가 여자면 doctora독또라
간호사	enfermera 엔페르메라
아프다	doler 돌레르

| 부작용 | efecto secundario 에펙또 세꾼다리오 |
| 의료보험 | seguro médico 세구로 메디꼬 |

신체 부위

몸, 신체	cuerpo 꾸에르뽀
머리	cabeza 까베싸
목	cuello 꾸에요
얼굴	cara 까라
눈	ojo 오호
코	nariz 나리쓰
입	boca 보까
입술	labios 라비오스
이	diente 디엔떼
팔	brazo 브라쏘
등	espalda 에스빨다
허리	cintura 씬뚜라
가슴	pecho 뻬초
배	vientre 비엔뜨레
위	estómago 에스또마고
심장	corazón 꼬라쏜
엉덩이	trasero 트라세로
손	mano 마노

125

손가락	dedo 데도		염증	inflamación 인플라마씨온
손톱	uña 우냐		탈수증	deshidratación 데시드라따씨온
다리	pierna 삐에르나		소화불량	indigestión 인디헤스띠온
무릎	rodilla 로디야		화상	quemaduras 께마두라스
발	pie 삐에		변비	estreñimiento 에스뜨레니미엔또
발가락	dedos del pie 데도스 델 삐에		두통	dolor de cabeza 돌로르 데 까베싸
피부	piel 삐엘		치통	dolor de muelas 돌로르 데 무엘라스
피	sangre 상그레		복통	dolor de estómago 돌로르 데 에스또마고

질병

병	enfermedad 엔페르메닷
통증	dolor 돌로르
열	fiebre 피에브레
기침	tos 또스
감기	resfriado 레스프리아도
오한, 몸살	escalofrío 에스깔로프리오
콧물	mocos 모꼬스
알레르기	alergia 알레르히아
고/저혈압	presión alta/baja 쁘레씨온 알따/바하
빈혈	anemia 아네미아
멀미	mareo 마레오
설사	diarrea 디아레아
상처	herida 에리다
구토	vómito 보미또

경찰서

경찰서	comisaría 꼬미사리아
경찰관	policía[comisario] 뽈리씨아[꼬미사리오]
도둑	ladrón 라드론
분실	pérdida 뻬르디다
신고하다	denunciar 데눈씨아르
분실물 센터	oficina[centro] de objetos perdidos 오피씨나[쎈뜨로] 데 오브헤또스 뻬르디도스
한국 대사관	embajada de Corea del Sur 엠바하다 데 꼬레아 델 쑤르
비자	visado 비싸도
대사	embajador(a) 엠바하도르/라
서류	documento 도꾸멘또
양식	formulario 푸르물라리오

대사가 여자면
embajadora엠바하도라

구엘 공원 Parc Güell